Les échanges internationaux au XVIIIe siècle

Fiche 1

? *Quels sont les empires coloniaux européens et les grands courants d'échanges au XVIIIe siècle ?*

Document 1 Les empires coloniaux et les grands courants d'échanges au milieu du XVIIIe siècle

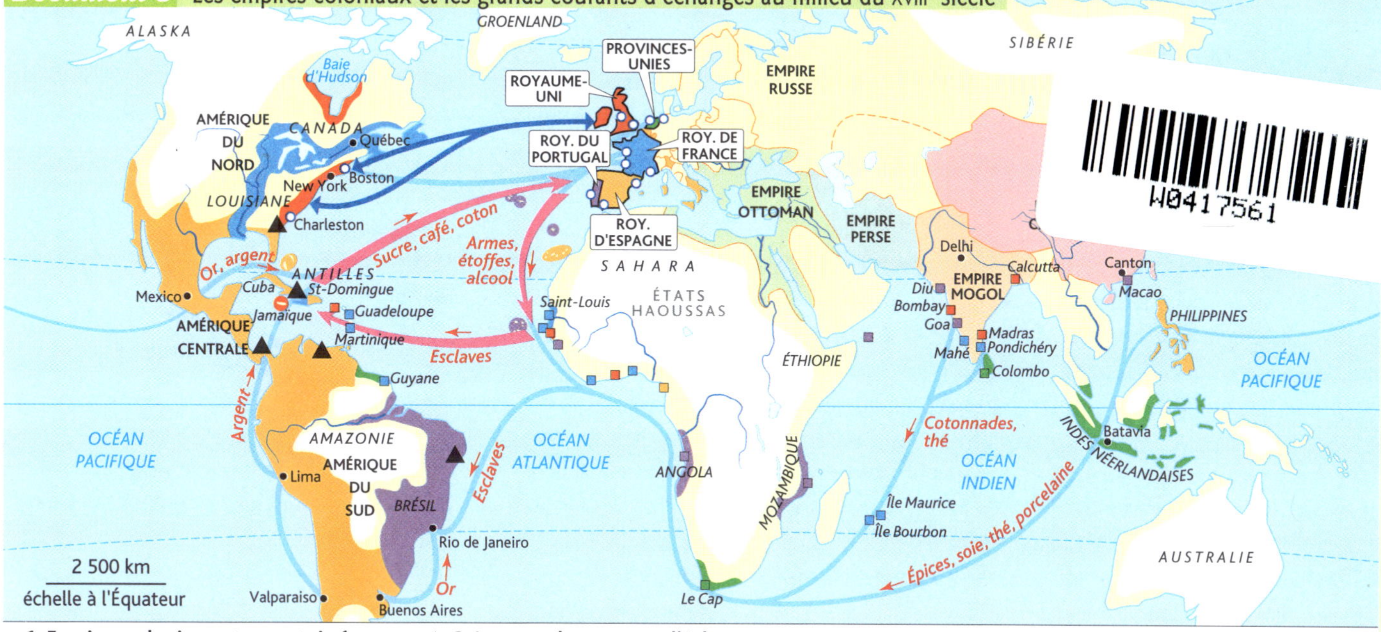

1. Empires coloniaux et comptoirs[1]

- anglais
- français
- espagnols
- portugais
- des Provinces-Unies
- régions inconnues

1. Établissement commercial établi en territoire étranger.

2. Les grands courants d'échanges

- principales routes maritimes
- commerce en droiture[2]
- commerce triangulaire[3]
- *sucre* produits échangés
- ▲ régions de plantation
- ○ grands ports

2. Commerce en ligne droite pratiqué directement avec les colonies d'Amérique. Les négociants européens vendent aux colonies des productions agricoles et des produits manufacturés d'Europe.
3. Commerce pratiqué par les Européens entre l'Afrique, les colonies d'Amérique et l'Europe et qui repose sur la traite d'esclaves africains.

1 D'après le document 1, quels pays possèdent des colonies et sur quel continent principalement ?

....

....

2 Dans quelles régions du monde ces pays ont-ils installé des comptoirs ?

....

....

3 Entourez sur la carte les principaux produits importés en Europe.

4 Dans la légende, soulignez les deux types de commerce qui se développent en Atlantique.

5 D'après le document 2, quelle activité enrichit la ville de Bordeaux et avec quelle région d'Amérique ?

....

....

6 Soulignez en rouge les deux avantages de Bordeaux pour son commerce colonial.

Document 2 Bordeaux et le commerce colonial

« Bordeaux au début du XVIIIe siècle se lance avec succès dans le commerce avec les colonies. Elle s'enrichit, sa population augmente et elle embellit son paysage architectural (construction de la place de la Bourse et du Grand-Théâtre). [...] Bordeaux a deux avantages essentiels pour son commerce colonial : la richesse de son arrière-pays (fameux producteur de vins, mais aussi de prunes et de liège dans l'Agenais, de miel, de pastels, etc.) et ses liens commerciaux avec les pays d'Europe du Nord (Angleterre, Hollande, Prusse, Suède, Danemark, etc.). Le commerce colonial en droiture pratiqué par Bordeaux consistait à faire partir des navires aux Antilles pour approvisionner les îles en denrées alimentaires et en produits manufacturés, et de revenir à Bordeaux avec les productions coloniales, qui étaient réexportées vers les pays d'Europe. [...] Ce double avantage lui permettra de devenir très rapidement le premier port français au XVIIIe siècle. »

Site Internet du musée national des douanes, www.musee-douanes.fr, 2016.

7 Quels produits les marchands bordelais exportent-ils ? Quels produits importent-ils ?

....

....

8 Soulignez en vert les passages montrant l'enrichissement et la puissance de Bordeaux et de son port au XVIIIe siècle.

Compétences

Analyser un document → 1 2 5 6 7 8

Pratiquer différents langages → 3 4

Les acteurs du grand commerce au XVIIIe siècle

? *Qui est au cœur de l'expansion du commerce atlantique ?*

Document 1 Commerce triangulaire et traite atlantique

Au XVIIIe siècle, Nantes est le premier port négrier de France, assurant à lui seul plus de 41 % des expéditions de traite entre 1707 et 1793. De grandes familles bourgeoises d'armateurs nantais se spécialisent dans le commerce triangulaire. C'est ainsi que Joseph Mosneron-Dupin, devenu un riche négociant, fonde en 1786 une société spécialisée dans la traite des Noirs.

« En 1763, Joseph Mosneron-Dupin a quinze ans quand il embarque sur le navire *Le Prudent* à Nantes. Il raconte dans ses mémoires son premier voyage particulièrement long. "Le navire chargé, l'équipage rassemblé, nous attendîmes les vents favorables pour notre départ qui arriva le 13 septembre 1763. [...] L'équipage de 34 hommes était commandé par le capitaine James, un homme d'environ 34 ans [...]." Après une escale aux îles du Cap-Vert en décembre, il arrive à Bissau (en Afrique) en janvier 1764. "À notre arrivée à Bissau nous vîmes plusieurs bâtiments portugais et anglais qui étaient en traite[1], ainsi que le *Phœnix de Nantes* [...]. Ce pays est habité par des peuplades gouvernées par un roi. [...] Le capitaine paya les coutumes et ouvrit la traite. [...]. Après les palabres d'usage, on s'occupa de sortir les marchandises. [...] Cinq mois après notre arrivée à Bissau, nous tombâmes dans la saison de l'hivernage [...]. Plus nous prolongions notre séjour et plus nos provisions s'épuisaient. [...] Le capitaine se décida à surpayer les Noirs et traita 140 esclaves."

Le navire quitte Bissau à destination de la Martinique. "Nous fîmes voile dans le mois d'avril 1765, [...] les vents nous furent favorables. Le scorbut[2] dévorait les Blancs et les Noirs, nos provisions étaient à bout, nos voiles ne tenaient pas, le bâtiment avait peine à se soutenir sur l'eau. [...] Après notre arrivée dans la baie du Fort-Royal en Martinique, en juin 1765, on fit sortir notre cargaison de Noirs pour les déposer à terre dans des magasins afin de les soigner et de les rafraîchir. Ils furent vendus tant bien que mal. On passa ensuite le bâtiment dans le port afin d'y faire les travaux de réparation les plus urgents." *Le Prudent* quitte la Martinique à la fin du mois d'octobre 1765. Il arrive à Nantes le 25 décembre. »

D'après Joseph Mosneron-Dupin, *Journal de mes mémoires*, 1802.

1. Négociation commerciale. 2. Maladie liée à une carence en vitamine C.

Document 2 Les étapes du voyage de Joseph Mosneron-Dupin

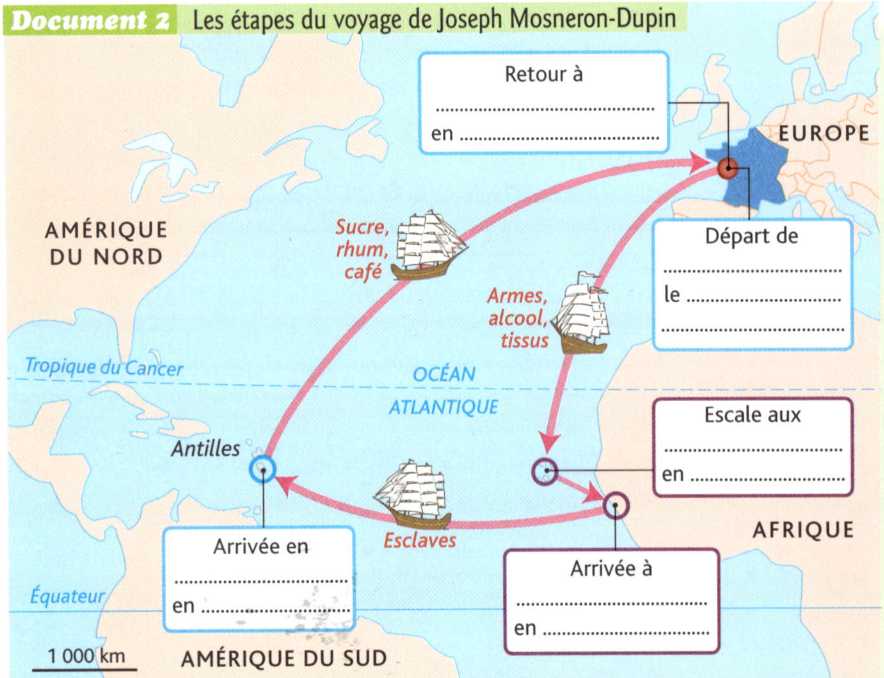

1 Présentez le document 1.

....

2 Dans quel commerce le port de Nantes s'est-il spécialisé ?

....

3 À quel âge Joseph effectue-t-il son premier voyage et quand part-il ?

....

4 Où son navire se rend-il et dans quel objectif ?

....

5 Soulignez le passage relatif à cette transaction entre le capitaine et le roi.

6 Quand le navire quitte-t-il l'Afrique ? Pour quelle destination et dans quel but ?

....

7 Combien de temps dure ce voyage ? À quelles difficultés l'équipage et les esclaves sont-ils confrontés ?

....

8 À l'aide de vos réponses aux questions précédentes et du témoignage (doc. 1), complétez le document 2.

Compétences

Analyser un document → 1 2 3 4 5 6 7

Pratiquer différents langages → 8

L'essor des ports de l'Atlantique

Fiche 3

Comment l'essor du commerce maritime se manifeste-t-il ?

Document 1 L'essor du port de Liverpool au XVIIIe siècle

« Les principales cargaisons importées à Liverpool dans les premiers temps étaient le tabac, le sucre et le rhum. Après 1700, Liverpool, Bristol et Londres rejoignirent les ports d'Espagne et du Portugal, dans le commerce triangulaire, échangeant du coton, des biens manufacturés, des esclaves et autres "marchandises" entre l'Afrique, les Antilles, l'Amérique et l'Europe. Liverpool devint le premier pôle mondial du commerce des esclaves. Un commerce triangulaire entre pays du Nord se développa avec l'ouverture de Salthouse Dock en 1753, facilitant l'exportation de sel et s'intégrant dans un système d'échange de divers produits entre Terre-Neuve et les Antilles, ainsi qu'entre l'Irlande et les pays méditerranéens.
Hommes d'affaires et commerçants venaient de tout le pays à Liverpool pour saisir les opportunités qui s'y présentaient et, en 1801, Liverpool était devenue la plus grande ville d'Angleterre.
Avec l'accroissement de la capacité du port, un système de transport fiable s'impose avec la construction de canaux pour les échanges avec l'arrière-pays. Ainsi le canal de Sankey Brook, entre les mines de charbon de St. Helens et la Mersey (1757), est considéré comme le premier canal industriel au monde. Les docks de Liverpool devinrent essentiels à l'essor de la "révolution industrielle" à la fin du XVIIIe siècle, impliquant l'industrie cotonnière du Nord-Ouest de l'Angleterre ainsi que les industries sidérurgiques du pays. »

D'après la Convention du patrimoine mondial de l'Unesco, www.unesco.org, 2017.

1 D'après la carte (doc. 1), dans quel pays se situe Liverpool ?

....

2 Entourez les produits coloniaux importés dans un premier temps par ce port.

3 Quel commerce la ville de Liverpool développe-t-elle après 1700 ? Quelle place occupe-t-elle dans ce commerce ?

....

....

4 Soulignez en rouge les régions du monde avec lesquelles Liverpool est en contact commercial.

5 Qu'est-ce qui montre l'attractivité et le développement de la ville ?

....

....

....

6 Quels aménagements sont rendus nécessaires par l'augmentation du commerce ?

....

7 Soulignez en vert les nouvelles activités stimulées par le commerce avec les colonies vers la fin du XVIIIe siècle. Encadrez le nom de cette révolution économique.

8 Présentez le document 2.

....

....

9 À l'aide de la légende, écrivez dans les cases les numéros des éléments indiqués en légende.

10 Quels éléments montrent le luxe et l'exotisme à la mode à cette époque dans les grandes familles bourgeoises ?

....

....

....

Document 2 La femme d'un grand négociant nantais

Portrait de Marguerite Deurbroucq (épouse du négociant et armateur Dominique Deurbroucq de Nantes), tableau de Pierre-Bernard Morlot, 1753, château des ducs de Bretagne, musée d'Histoire de Nantes.

Dans une pièce au mobilier luxueux, Marguerite est assise, vêtue d'une robe claire aux motifs floraux ❶. Sur le dossier de son fauteuil est posé un perroquet gris du Gabon ❷, à la mode au XVIIIe siècle comme animal de compagnie. Elle tient une tasse de porcelaine contenant du chocolat ou du café ❸. Son esclave noire ❹, derrière elle, lui apporte un produit exotique, du sucre, dans un pot de faïence ❺.

Compétences

Analyser un document → 2 3 4 5 6 7 8
Se repérer dans l'espace → 1
Pratiquer différents langages → 9
Raisonner → 10

L'essor de l'économie de plantation

? *Quelle est l'organisation d'une plantation ?*

Document 1 Le travail des esclaves dans une plantation de canne à sucre aux Antilles

Gravure du XVIIIe siècle, musée d'Aquitaine.

La traite atlantique, débutée au XVe siècle, connaît son apogée au XVIIIe siècle. Cela est lié à l'essor des grandes plantations d'Amérique qui a nécessité une importante main-d'œuvre. Ainsi, en Martinique, le nombre d'esclaves est passé de 14 600 à 84 000 entre 1700 et 1790.

❶ Esclaves coupant la canne à sucre ❷ Esclaves transportant la canne à sucre vers le moulin ❸ Esclaves travaillant au moulin ❹ Esclaves travaillant aux fourneaux ❺ Vinaigrerie ❻ Contremaître ❼ Cases des esclaves (habitations) ❽ Maison du maître

Document 2 L'économie de la plantation

« L'économie développée dans le cadre de la plantation est celle d'une mono-activité, comme la production de canne à sucre, tournée vers l'exportation. Les principaux débouchés sont la métropole et les pays du Nord de l'Europe. À partir de la canne à sucre, on peut élaborer toute une série de produits allant du sucre à l'eau-de-vie. Progressivement, les plantations diversifient leurs activités en y introduisant notamment la culture de l'indigo[1], mais il s'agit toujours d'une agriculture d'exportation.

Ces productions génèrent des profits considérables et un trafic important, que celui-ci s'effectue en droiture, c'est-à-dire en liaison directe entre les Antilles et les ports de la façade atlantique française ou bien dans le cadre du commerce triangulaire (ports français, Afrique, Antilles).

La plantation est organisée de façon quasi autarcique. L'espace habité comprend plusieurs bâtiments parmi lesquels la maison du planteur est la plus majestueuse, même lorsqu'il n'y réside pas. À proximité, on trouve la case de l'économe, chargé de la bonne marche de l'ensemble. [...] L'autre élément notable dans cet espace habité, ce sont les "bâtiments industriels" avec par exemple la "guildiverie", une construction légère qui abrite l'alambic utilisé pour la transformation du sirop de sucre en eau-de-vie ou encore l'indigoterie, où l'indigotier est transformé en indigo. Ensuite sont disposés, toujours sous la surveillance de l'économe, les "cases à nègres" et les jardins qui assurent l'alimentation principale composée le plus souvent de tubercules ou de manioc. »

Hélène Berlan, *La Vie des Français au XVIIe et XVIIIe siècle*, © CRDP, Académie de Montpellier, 2008.

1. Produit tinctorial de couleur bleu foncé avec des reflets violets et rougeâtres.

1 Présentez le document 1.

....

....

....

2 À l'aide de la légende, écrivez dans les cases les numéros des éléments indiqués en légende.

3 Dans le texte, soulignez en rouge la définition d'une économie de plantation, en vert les débouchés de sa production.

4 Que génèrent les produits des plantations ?

....

....

5 Entourez les différents bâtiments composant une plantation.

6 D'après les documents 1 et 2, à quel type de main-d'œuvre cette économie a-t-elle recours ? Relevez ce qui montre son essor au cours du XVIIIe siècle.

....

Compétences

Analyser un document → 1 3 4 5 | Pratiquer différents langages → 2 | Raisonner → 6

Les traites négrières et l'esclavage

Fiche 5

? *Comment s'organise la traite des esclaves africains ?*

1 Qui est l'auteur de ce témoignage (doc. 1) ? Par qui est-il capturé ? Par qui est-il déporté ?

....

....

....

2 Soulignez quatre exemples montrant les horribles conditions de la traversée de l'Atlantique.

3 Comment l'auteur évoque-t-il :

- les esclaves considérés comme une simple marchandise ?

....

....

- la brutalité de leur vente ?

....

....

4 À quoi Olaudah est-il employé après avoir été acheté par un planteur ?

....

....

5 Qu'est-ce qui montre les mauvais traitements dont peuvent être victimes les esclaves ?

....

....

6 D'après le document 2, durant quelle période se situe l'apogée du commerce des esclaves ? Combien d'Africains environ en sont victimes ?

....

....

7 Entourez en légende les noms des trois pays qui dominent ce commerce au XVIIIe siècle.

8 Après quelle date la traite négrière est-elle abandonnée par la majorité des pays européens ?

....

Document 1 Le témoignage d'un esclave africain

Olaudah Equiano, un Africain capturé à onze ans par une tribu rivale, est acheté en 1756 par des négriers européens qui le déportent aux Antilles en Amérique.

La traversée de l'Atlantique

« "On nous installa tous sous le pont [...]. L'étroitesse de l'endroit ainsi que la chaleur du climat, ajoutées aux nombreux passagers du bateau [...] nous étouffaient presque. [...] L'air devint irrespirable, provoqua une maladie parmi les esclaves dont plusieurs en moururent [...].

Cette situation misérable fut encore aggravée par le bruit irritant des chaînes, maintenant devenues insupportables ; et la crasse des latrines. Les cris des femmes et les gémissements des personnes mourantes rendaient toute la scène atroce. Heureusement pour moi, peut-être, je devins bientôt si faible en cet endroit qu'on jugea nécessaire de me laisser sur le pont presque tout le temps, et parce que j'étais jeune on ne me mit pas aux fers [...]." »

La vente en Amérique

« "Enfin, nous vîmes apparaître l'île de la Barbade. Après notre débarquement, on nous dirigea vers la cour d'un marchand où nous fûmes parqués comme des moutons, sans souci du sexe ni de l'âge. Nous étions là depuis quelques jours quand on procéda à notre vente. Au signal du roulement de tambour, les acheteurs, marchands ou planteurs, se précipitaient tous ensemble dans l'enclos où étaient massés les esclaves et choisissaient le lot qu'ils préféraient. Sans scrupule, on sépara des familles et des amis qui, pour la plupart, ne se reverraient plus jamais. C'était vraiment déchirant d'entendre les cris de parents perdant leurs enfants, des frères leurs sœurs, des époux leurs femmes." »

Le travail dans la plantation

« "Pendant quelques semaines, je fus employé à désherber et à ramasser des pierres dans une plantation. Comme l'homme à qui appartenait ce domaine tomba malade, on m'envoya dans sa demeure pour l'éventer pendant son sommeil. En entrant dans la maison, je vis une esclave noire qui préparait le dîner : la pauvre était cruellement chargée de divers instruments en fer, dont un qu'elle portait sur la tête et qui lui fermait si étroitement la bouche qu'elle pouvait à peine parler, manger ou boire. Je fus choqué par ce dispositif, dont j'appris plus tard qu'on l'appelait une muselière de fer." »

D'après Olaudah Equiano (esclave affranchi), *Ma Véridique Histoire*, 1789.

Document 2 Évolution du nombre d'esclaves déportés de 1600 à 1866

Nombre d'esclaves déportés selon l'origine des navires négriers (en millions)

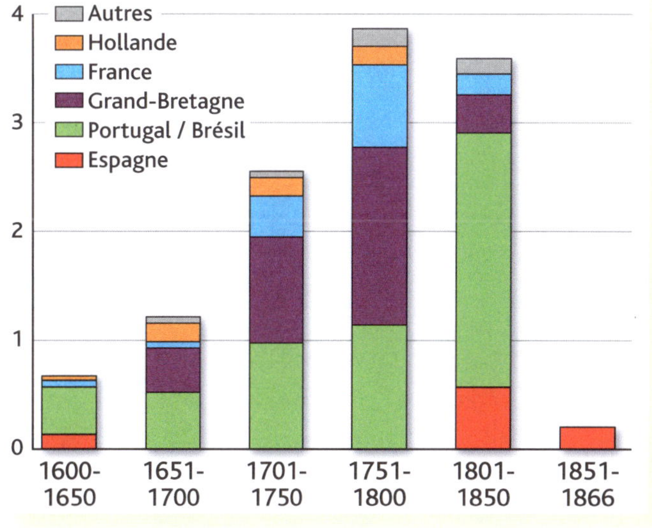

Compétences

Analyser un document → 1 2 3 4 5 6 Se repérer dans le temps → 6 8 Pratiquer différents langages → 7

La traite et l'esclavage au XVIIIe siècle : partisans et adversaires

? *Comment le combat contre la traite et l'esclavage s'est-il déroulé ?*

Document 1 De la traite négrière à l'abolition

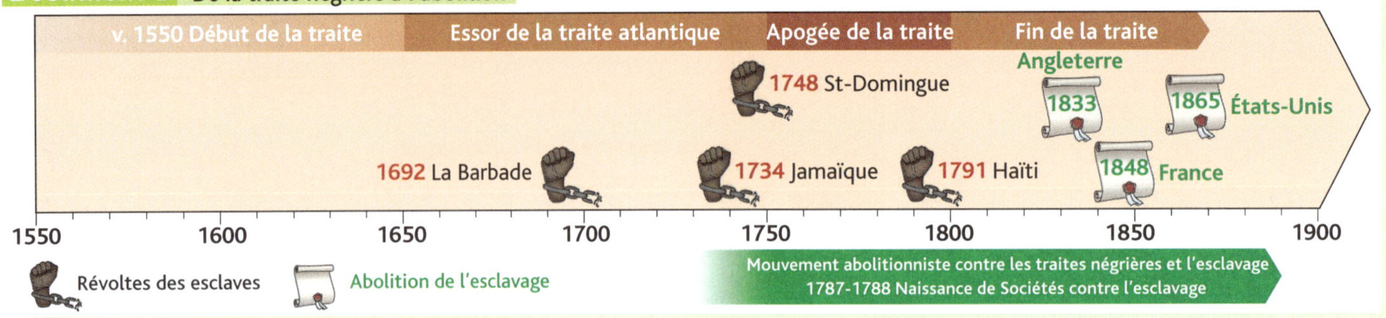

Document 2 Deux points de vue opposés sur la traite et l'esclavage

A. Le point de vue d'un partisan

« Premièrement, on sait d'une manière à n'en pouvoir douter qu'un grand nombre de captifs pris à la guerre seraient exposés à être massacrés cruellement, si les vainqueurs ne trouvaient pas à s'en défaire, en les vendant aux Européens. Voilà donc un commerce qui sauve la vie à une quantité de personnes [...].

En second lieu, quand ils sont rendus aux colonies, généralement parlant, ils y mènent une vie plus douce et plus commode qu'ils n'avaient jamais fait dans leur propre pays. La raison en est claire. Comme les maîtres de ces colonies achètent leurs esclaves fort cher, il est naturellement de leur intérêt d'en prendre tout le soin possible.

Troisièmement, le secours de ces esclaves a fait tant de bien aux colonies anglaises, qu'on aurait de la peine à croire l'avantage considérable que la nation en a tiré, surtout par rapport aux îles où l'on fait le sucre. Comme ces îles sont dans un climat presque aussi chaud que la côte de Guinée, les Nègres y sont plus propres à cultiver les terres que les Blancs. »

William Snelgrave, *Nouvelle Relation de quelques endroits de Guinée et du commerce d'esclaves qu'on y fait*, 1735.

B. Le point de vue d'un adversaire

« Je suis fâché que des philosophes[1] qui combattent les abus avec tant de courage n'aient guère parlé de l'esclavage des Noirs que pour en plaisanter. Ils se détournent au loin ; ils parlent de la Saint-Barthélemy, du massacre des Mexicains par les Espagnols, comme si ce crime n'était pas celui de nos jours, et auquel la moitié de l'Europe prend part. Y a-t-il plus de mal à tuer d'un coup des gens qui n'ont pas nos opinions, qu'à faire le tourment d'une nation à qui nous devons nos délices ? Ces belles couleurs de rose et de feu dont s'habillent nos dames ; le coton dont elles ouatent leurs jupes ; le sucre, le café, le chocolat de leurs déjeuners, le rouge dont elles relèvent leur blancheur : la main des malheureux Noirs a préparé tout cela pour elles. Femmes sensibles, vous pleurez aux tragédies, et ce qui sert à vos plaisirs est mouillé de pleurs et teint du sang des hommes. »

Jacques-Henri Bernardin de Saint-Pierre, *Voyage à l'Île de France, lettre XII*, 1769.

1. Penseurs du XVIIIe siècle qui remettent en cause les fondements politiques, religieux et sociaux de leur époque.

1 D'après la frise (doc. 1), que peut-on dire de la traite négrière au XVIIIe siècle ?

....

....

2 D'après le document 2A, citez trois arguments donnés par l'auteur pour justifier l'esclavage.

- ....
- ....
- ....

3 D'après la frise, comment des esclaves noirs luttent-ils pour leur liberté dans certaines colonies ?

....

....

....

4 D'après le document 2B, à qui l'auteur s'adresse-t-il ? Que leur reproche-t-il ?

....

....

....

5 Soulignez le passage dans lequel cet auteur dénonce l'indifférence de la haute société européenne.

6 D'après la frise, comment appelle-t-on le mouvement dans lequel s'inscrit cet auteur ?

....

7 Où et quand les premières abolitions de l'esclavage ont-elles eu lieu ?

....

....

Compétences

Analyser un document → 1 2 3 4 5 6

Se repérer dans le temps → 7

Comment les idées des Lumières se diffusent-elles en Europe ?

Je définis

Les **Lumières** sont, au XVIIIe siècle, un mouvement intellectuel européen. Il regroupe des penseurs et savants qui cherchent à comprendre et expliquer le monde en utilisant la raison et qui luttent contre les superstitions et les croyances religieuses. Ils défendent l'idée de progrès et de liberté.

Document 1 L'Europe des Lumières (XVIIIe siècle)

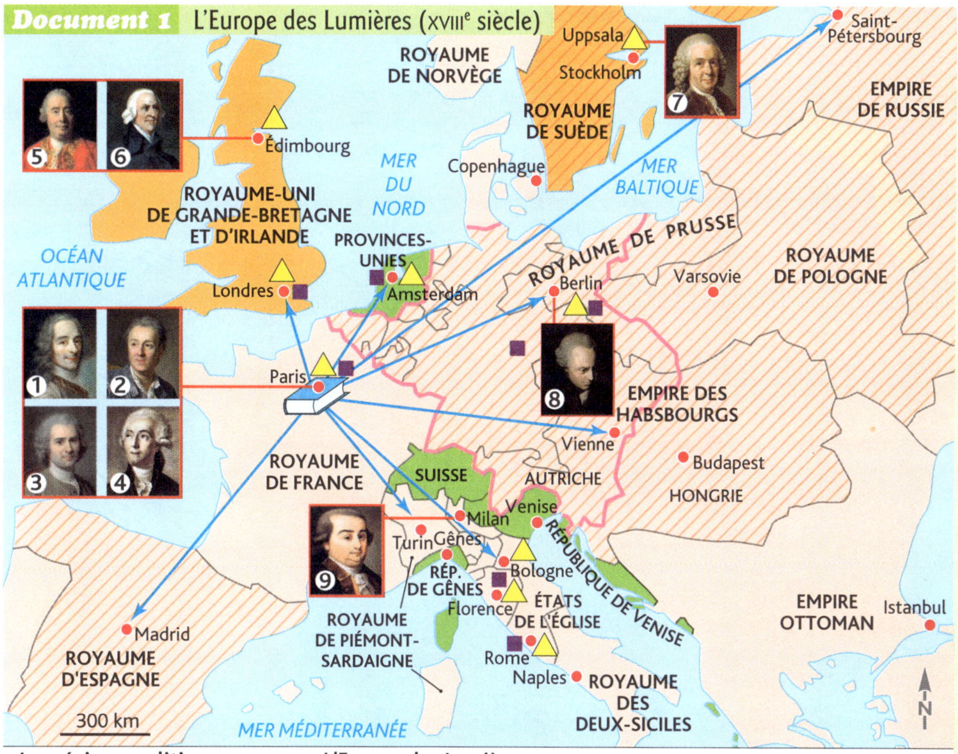

Les régimes politiques
- monarchie absolue
- monarchie parlementaire
- république
- limite du Saint-Empire romain germanique

L'Europe des Lumières
- despotisme éclairé
- grande université
- journaux scientifiques
- diffusion de l'*Encyclopédie*

Quelques philosophes et savants des Lumières
1. Voltaire
2. Diderot
3. Rousseau
4. Lavoisier
5. Hume
6. Smith
7. Linné
8. Kant
9. Beccaria

1 Dans la légende de la carte, encadrez le mouvement intellectuel et scientifique qui se développe en Europe au XVIIIe siècle.

2 Soulignez les moyens par lesquels les idées de ce mouvement se diffusent en Europe.

3 Comment appelle-t-on les souverains qui s'intéressent aux idées nouvelles ?

....

Je définis

Le **despotisme éclairé** est un régime dont le souverain applique certaines idées des Lumières tout en maintenant son pouvoir absolu.

4 De quels pays ou régions les philosophes et savants représentés sur la carte sont-ils originaires ?

....

....

Document 2 Diderot et l'*Encyclopédie*

Denis Diderot, né en 1713 dans une famille d'artisans aisés, devient bachelier de l'Université de Paris en 1728, après des études chez les jésuites (ordre religieux). Après une dizaine d'années à exercer différents métiers pour vivre, il se lie d'amitié avec Jean-Jacques Rousseau, puis est engagé par un libraire. En 1747, avec le mathématicien et physicien d'Alembert, il codirige la publication de l'*Encyclopédie*[1], ce qui l'occupera près de vingt ans.

En 1749, Diderot est emprisonné à Vincennes pour un essai philosophique exposant son athéisme[2]. En 1751, le premier volume de l'*Encyclopédie* est publié. Six autres volumes suivent. Mais, en 1759, cette œuvre étant jugée subversive, le roi révoque les privilèges pour son impression et en ordonne la destruction par le feu. Le pape met l'œuvre à l'index[3]. Les manuscrits conservés par Diderot sont cachés par son ami philosophe, Malesherbes. Diderot écrit des pièces de théâtre, des romans et des essais tout en poursuivant secrètement la publication de l'*Encyclopédie* dont les dix derniers volumes sont imprimés en 1765. En 1773-1774, Diderot voyage en Russie à l'invitation de la tsarine Catherine II, admiratrice des philosophes. Il meurt à Paris en 1784.

1. Ouvrage en 28 volumes qui fait la somme des connaissances de l'époque dans tous les domaines et exposant les idées critiques des Lumières.
2. Doctrine de celui qui ne croit en aucun dieu.
3. Liste des ouvrages interdits par l'Église catholique.

5 D'après le document 2, au cours de quel siècle Diderot a-t-il vécu ? Entourez en vert le nom des savants et philosophes amis de Diderot.

....

6 Quelle est son œuvre principale et en quelle année paraît le premier volume ? D'après la carte, qu'est-ce qui montre son succès ?

....

....

7 Dans le texte, soulignez les passages montrant que les idées et l'œuvre de Diderot lui valent l'hostilité des pouvoirs politiques et religieux.

8 Entourez en rouge le nom de la despote éclairée qui invite Diderot dans son pays.

9 Enquête Web

Site web
Philosophes et savants des Lumières
hatier-clic.fr/fhg401

Choisissez l'un des philosophes ou savants présentés sur la carte, puis rédigez sa biographie sur une feuille à part.

Compétences

- Analyser un document → 3 4 5 6 7 8
- Se repérer dans le temps → 6
- Pratiquer différents langages → 1 2
- S'informer dans le monde du numérique → 9

Les Lavoisier, un couple des Lumières

Fiche 8

? *Qu'est-ce qui fait des Lavoisier un couple des Lumières ?*

Document 1 Biographie du couple Lavoisier

Antoine-Laurent de Lavoisier (1743-1794) occupe des fonctions au service de l'État qui lui assurent de hauts revenus et lui permettent de mener ses études scientifiques. Fondateur de la chimie moderne, il parvient par ses expériences à analyser la composition de l'eau et de l'air, démontrer le rôle de l'oxygène dans la combustion. Il s'intéresse aussi à la physiologie du corps humain, à la biologie, la météorologie... Son épouse, Marie-Anne Paulze (1758-1836) l'assiste dans son travail.

Maîtrisant le latin, l'italien et l'anglais, elle traduit pour lui des ouvrages scientifiques étrangers. Habile dessinatrice et amie du peintre David, elle dessine les illustrations pour les publications de son mari, comme son *Traité élémentaire de chimie* (1789). Sous la Révolution, Lavoisier est guillotiné.

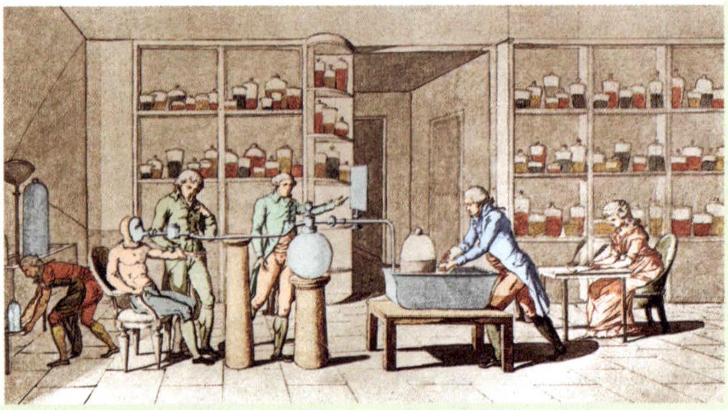

Gravure de Marie-Anne Paulze, vers 1780.

1 Dans le document 1, soulignez :

- en rouge, ce qui permet à Lavoisier de mener ses travaux scientifiques ;
- en bleu, les domaines scientifiques auxquels il s'intéresse ;
- en vert, l'aide précieuse que lui apporte son épouse.

2 Quelle discipline scientifique a-t-il fondé et dans quel ouvrage a-t-il publié ses découvertes ?

....

....

Document 2 Le chimiste Lavoisier et son épouse

Jacques-Louis David, *Portrait d'Antoine-Laurent de Lavoisier et de sa femme*, huile sur toile (260 × 195 cm), 1788, Metropolitan Museum of Art, New York.

Les instruments du chimiste : 1 Gazomètre 2 Baromètre 3 Cuve à eau 4 Ballon de verre et robinet d'arrêt 5 Carton à dessin du Mme Lavoisier

Document 3 Le scientifique et son rôle selon Lavoisier

A. « [En mesurant chaque jour la pression atmosphérique, la direction des vents, la température et l'humidité de l'air], il est possible de prévoir un ou deux jours à l'avance, avec une assez grande probabilité, le temps qu'il doit faire ; il ne serait pas impossible de publier tous les matins un journal de prédictions qui serait d'une grande utilité pour la société. »

D'après le tome III des *Œuvres de Lavoisier*, publiées de 1862 à 1893.

B. « Il n'est pas indispensable, pour bien mériter de l'humanité et pour payer son tribut à sa patrie, d'être appelé à ces fonctions publiques et éclatantes [...]. Le physicien peut aussi, dans le silence de son laboratoire et de son cabinet, exercer des fonctions patriotiques ; il peut espérer, par ses travaux, diminuer la masse des maux qui affligent l'espèce humaine ; [..] prolonger de quelques années, de quelques jours même, la vie moyenne des hommes, [et] aspirer au titre glorieux de bienfaiteur de l'humanité. »

D'après le tome II des *Œuvres de Lavoisier*, publiées de 1862 à 1893.

C. « [...] Je me suis imposé la règle de ne procéder jamais que du connu à l'inconnu, de ne déduire aucune conséquence (loi) qui ne dérive des expériences et des observations [...]. C'est la raison qui doit guider la réflexion dans l'étude d'une science et non les suppositions transmises d'âge en âge et regardées comme des vérités, même par de très bons esprits. »

D'après Lavoisier, *Traité élémentaire de chimie*, 1789.

3 À l'aide de la légende, écrivez sur le document 2 les numéros des instruments de Lavoisier dans les cases correspondantes.

4 Dans les textes 3A et 3B, soulignez ce que la science peut apporter de positif à la société selon Lavoisier.

5 Dans le texte 3C, soulignez quelle doit être la démarche d'un scientifique. Entourez ce qu'il doit combattre.

6 À l'aide des documents et de vos réponses aux questions précédentes, montrez que le couple Lavoisier est représentatif de l'esprit des Lumières.

....

....

....

....

Compétences

Analyser un document → 1 2 4 5 | Pratiquer différents langages → 3 | Raisonner → 6

L'influence des idées nouvelles

Quelles sont les idées nouvelles et où se diffusent-elles ?

Document 1 La Déclaration d'indépendance américaine

Le 4 juillet 1776, les représentants des Treize Colonies anglaises d'Amérique déclarent leur indépendance.

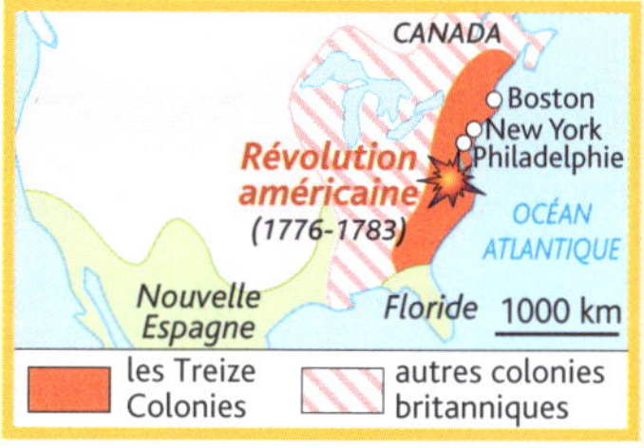

« Nous tenons pour évidentes ces vérités : tous les hommes naissent égaux ; leur créateur leur a donné des droits inaliénables[1] ; parmi ces droits se trouvent la vie, la liberté et la recherche du bonheur. Les gouvernements sont établis parmi les hommes pour garantir ces droits et leur juste pouvoir provient du consentement des gouvernés. Toutes les fois qu'une forme de gouvernement devient destructive de ce but, le peuple a le droit de le changer ou de l'abolir et d'établir un nouveau gouvernement en le fondant sur ces principes et en lui donnant la forme qui lui paraîtront les plus propres à lui assurer la sécurité et le bonheur [...].
En conséquence, Nous, représentants des États-Unis d'Amérique, publions et déclarons solennellement que ces colonies unies doivent être en droit des États libres et indépendants ; qu'elles sont dégagées de toute obéissance envers la Couronne de la Grande-Bretagne[2]. »

1. Qu'on ne peut enlever. 2. Le roi d'Angleterre.

Document 2 L'influence de la révolution américaine en France

Ce texte de Condorcet[1] est dédié au marquis de Lafayette qui a participé au combat des Américains pour leur indépendance.

« L'Amérique nous a [montré] l'exemple. L'acte qui a déclaré son indépendance est une exposition simple et sublime de ces droits si sacrés et si longtemps oubliés. [...] La liberté de la presse est établie en Amérique, et l'on y a regardé avec une juste raison le droit de dire et celui d'entendre les vérités qu'on croit utiles, comme un des droits les plus sacrés de l'humanité. [...] Le spectacle de l'égalité qui règne dans les États-Unis, et qui en assure la paix et la prospérité, peut aussi être utile à l'Europe. Nous n'y croyons plus, à la vérité, que la nature ait divisé la race humaine en trois ou quatre ordres, [...] et qu'un de ces ordres y soit condamné à travailler beaucoup et à peu manger. On nous a tant parlé des avantages du commerce et de la circulation, que le noble commence à regarder un banquier et un commerçant presque comme son égal, pourvu qu'il soit très riche [...]. »

Extrait de « De l'influence de la révolution d'Amérique sur les opinions et la législation de l'Europe » [1786], *in Œuvres* de Condorcet, tome 8, 1847.

1. Le marquis de Condorcet (1743-1794) est un philosophe, économiste, mathématicien français, représentant des Lumières.

Document 3 Une caricature contre les privilèges (1789)

« À faut espérer q'eu s jeu la finira ben tôt : un païsan portant un prélat et un noble », gravure de 1789, musée Carnavalet.

❶ Le clergé ❷ La noblesse ❸ Le tiers état ❹ Les privilèges (droits et impôts perçus sur le tiers état)

1 Dans le document 1, entourez les territoires qui proclament leur indépendance et la date de cette proclamation.

2 Soulignez en rouge les droits affirmés par ce texte.

3 Soulignez en vert les passages montrant que le peuple est souverain.

4 Entourez le nom du nouvel État.

5 Dans le doc. 2, entourez le nom de l'auteur et celui à qui il dédie ce texte.

6 Pourquoi, selon Condorcet, l'Amérique est-elle un exemple pour la France ?

....

....

7 Soulignez le passage dans lequel Condorcet remet en question l'organisation de la société à son époque.

8 Présentez le document 3. Que dénonce-t-il ?

....

....

9 Écrivez les numéros indiqués en légende dans les cases correspondantes.

10 À l'aide des documents et de vos réponses aux questions précédentes, montrez que les idées nouvelles des Lumières se diffusent dans la société française.

....

Compétences

Analyser un document → 1 2 3 4 5 6 7 8 Pratiquer différents langages → 9 Raisonner → 10

Quelles sont les grands événements de l'année 1789 ?

Je définis

Les **États généraux** sont une assemblée extraordinaire que le roi peut convoquer en cas de crise grave pour l'aider à trouver des solutions.

Document 1 La situation de la France vue par un voyageur anglais

« Une opinion prévalait, c'est qu'on était à la veille d'une grande révolution dans le gouvernement ; que tout l'indique : la grande confusion dans les finances, avec un déficit impossible à combler sans les États généraux du royaume ; sur le trône, un prince animé d'excellentes intentions, mais dépourvu des ressources d'esprit nécessaires pour gouverner par lui-même en un tel moment ; une Cour ensevelie dans le plaisir et la dissipation ; une grande agitation dans tous les rangs de la société, désireuse de changements ; un grand levain de liberté, qui s'accroît d'heure en heure après la révolution américaine. »

D'après Arthur Young, *Voyages en France, en 1787, 1788 et 1789*, 1792.

1 Présentez le document 1.

....

....

....

2 Soulignez les problèmes évoqués par l'auteur.

3 Selon lui, qu'est-ce qui montre que la France est à la veille d'une révolution ?

....

....

....

Document 2 Les grands événements de 1789

....

....

....

....

....

....

....

....

....

États généraux | Assemblée nationale | Assemblée nationale constituante

5 mai • 20 juin • 14 juillet • 4 août • 26 août • 6 octobre

....

....

....

....

....

....

....

....

4 Reportez sur la frise ci-dessus les grands événements de 1789 :

Ouverture des États généraux • Les Parisiennes obligent le roi à s'installer à Paris • Déclaration des droits de l'Homme et du Citoyen adoptée par l'Assemblée • Serment du Jeu de paume par les députés • Révolte des paysans dans les campagnes (Grande Peur) • Abolition des privilèges par l'Assemblée • Prise de la Bastille par le peuple de Paris

5 Quelle assemblée extraordinaire le roi convoque-t-il à Versailles en 1789 ?

....

6 Que deviennent les États généraux après le Serment du Jeu de paume et après la prise de la Bastille ?

....

....

....

....

....

....

Compétences

Analyser un document → 1 2 3 5 | Pratiquer différents langages → 4 | Se repérer dans le temps → 4 6

1789-1791 : une France nouvelle

? *Qu'est-ce qui marque la chute de la monarchie absolue ?*

Document 1 L'abolition des privilèges (nuit du 4 août 1789)

« Monsieur, la séance du mardi au soir, 4 août, est la séance la plus mémorable qui se soit tenue jamais chez aucune nation. [...]
M. le Vicomte de Noailles fit une motion, et demanda que les droits de banalité, [...] cens, redevances, dîmes, rachats, tous droits qui pèsent sur le peuple, [...] pussent être rachetés à un taux fixé par l'Assemblée nationale. [...] Les ducs d'Aiguillon, du Châtelet, proposèrent que, dès le moment, la Noblesse et le Clergé prononçassent le sacrifice de leurs privilèges pécuniaires. [...]
Les circonstances malheureuses où se trouvent la Noblesse, l'insurrection générale élevée de toutes parts contre elle, les provinces de Franche-Comté, de Dauphiné, de Bourgogne, d'Alsace, de Normandie, de Limousin, agitées des plus violentes convulsions, et en partie ravagées ; plus de cent cinquante châteaux incendiés ; les titres seigneuriaux recherchés avec une espèce de fureur, et brûlés ; l'impossibilité de s'opposer au torrent de la Révolution, les malheurs qu'entraînerait une résistance même inutile ; la ruine du plus beau royaume de l'Europe, en proie à l'anarchie, à la dévastation, [...] tout nous prescrivait la conduite que nous devions tenir ; il n'y eut qu'un mouvement général. Le Clergé, la Noblesse se levèrent et adoptèrent toutes les motions proposées. »

D'après la lettre du marquis de Ferrières (député de la noblesse de Saumur, Anjou) au chevalier de Rabreuil.

Document 2 La Déclaration des droits de l'Homme et du Citoyen (26 août 1789)

« **Art. 1.** Les hommes naissent et demeurent libres et égaux en droits [...].
Art. 3. Le principe de toute souveraineté réside essentiellement dans la Nation [...].
Art. 11. La libre communication des pensées et des opinions est un des droits les plus précieux de l'homme : tout citoyen peut donc parler, écrire, imprimer librement [...].
Art. 13. Pour l'entretien de la force publique, et pour les dépenses d'administration, une contribution commune est indispensable. Elle doit être également répartie entre tous les citoyens, en raison de leurs facultés. »

Document 3 La Constitution de 1791

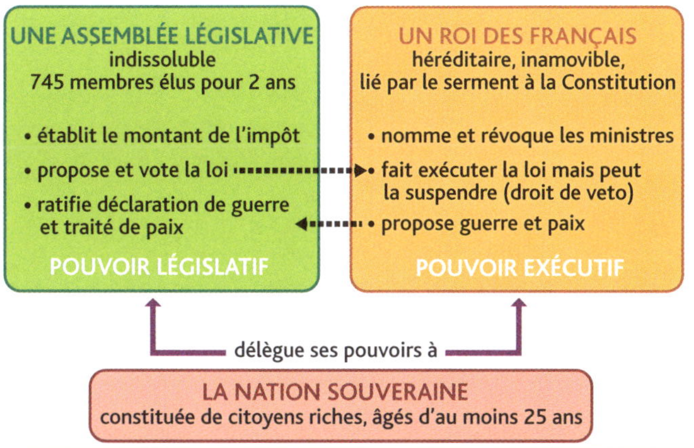

1 Entourez le nom de l'auteur de cette lettre et sa fonction.

2 D'après ce témoin, quelle proposition des députés de la noblesse et du clergé a été adoptée ?

....

....

3 Soulignez les événements qui ont poussé ces députés à faire cette proposition à l'Assemblée.

4 Comment a-t-on appelé cette révolte des campagnes (voir fiche 10) ?

....

5 D'après le document 2, que vote l'Assemblée nationale le 26 août 1789 ?

....

....

6 Associez chaque article de cette déclaration au nouveau principe établi.

Principes nouveaux	Articles
Liberté d'expression et d'opinion	....
Égalité devant les impôts	....
Liberté et égalité de tous	....
Souveraineté nationale	....

7 D'après la Constitution de 1791 (doc. 3), qui détient désormais :

- la souveraineté ? ....
- le pouvoir législatif ? ....
- le pouvoir exécutif ? ....

8 Tous les citoyens peuvent-ils participer aux élections ? Justifiez votre réponse.

....

....

9 Soulignez le pouvoir du roi qui lui permet de s'opposer à une décision de l'Assemblée.

Compétences

Analyser un document → 1 2 3 4 5 7 Pratiquer différents langages → 6 9 Raisonner → 8

1791-1799 : une longue période d'instabilité

À quelles menaces la Révolution est-elle confrontée ?

Document 1 Une période instable

Document 2 La France en guerre

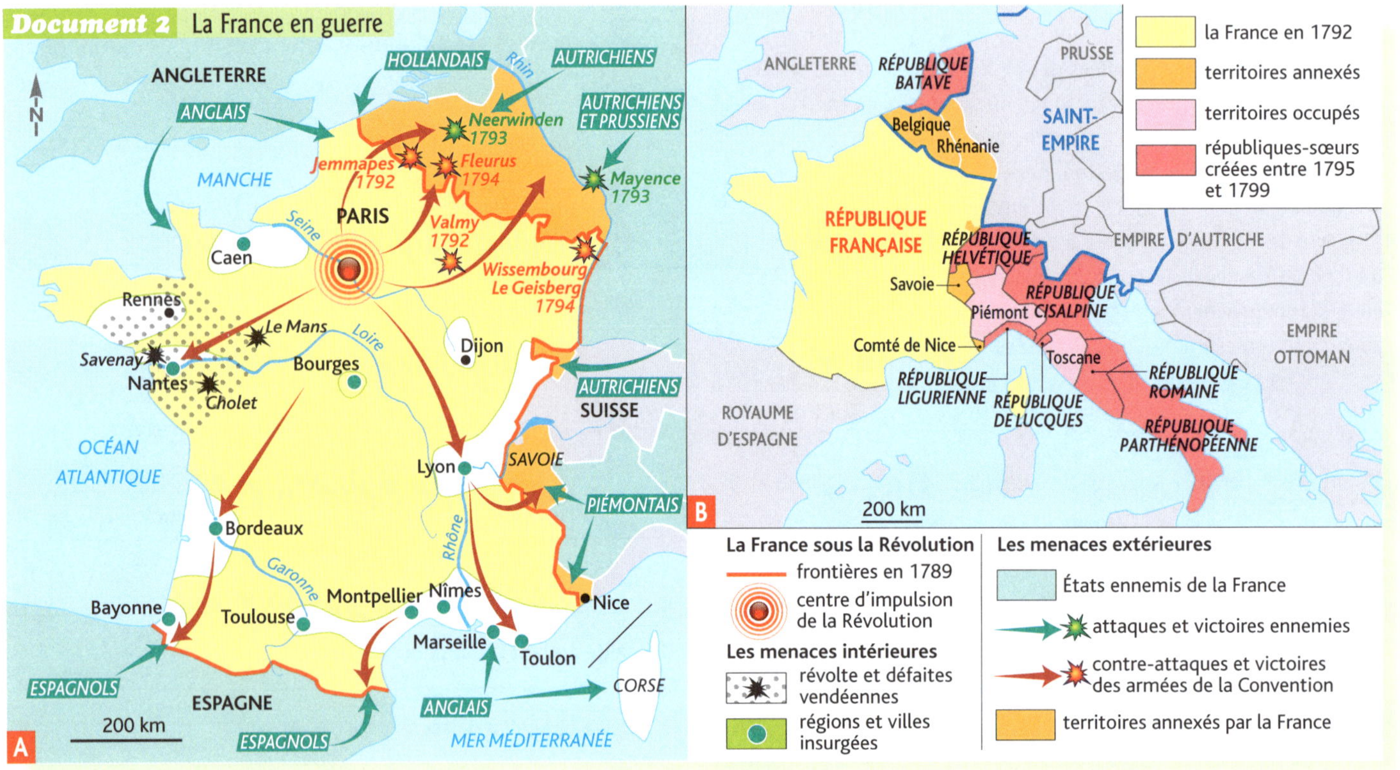

1 D'après la frise :

- que fait le roi en juin 1791 ?

....

- quel régime politique prend fin en août 1792 ?

....

- quel régime politique est proclamé en septembre 1792 et qu'advient-il du roi ?

....

2 D'après le document 2A, à quelles menaces ce nouveau régime doit-il faire face ? Coloriez selon la légende les régions insurgées.

....

....

3 D'après la frise, quelle politique est mise en place par Robespierre entre 1793 et 1794 ?

....

4 Entourez sur la carte 2A les victoires militaires de la République.

5 À l'aide des documents, montrez que, dans un contexte d'instabilité politique, les armées révolutionnaires s'imposent hors des frontières de la France pendant le Directoire.

....

....

....

....

Compétences

Analyser un document → 1 2 Se repérer dans le temps → 1 3 Pratiquer différents langages → 2 4 Raisonner → 5

Napoléon, l'Empire et l'Europe

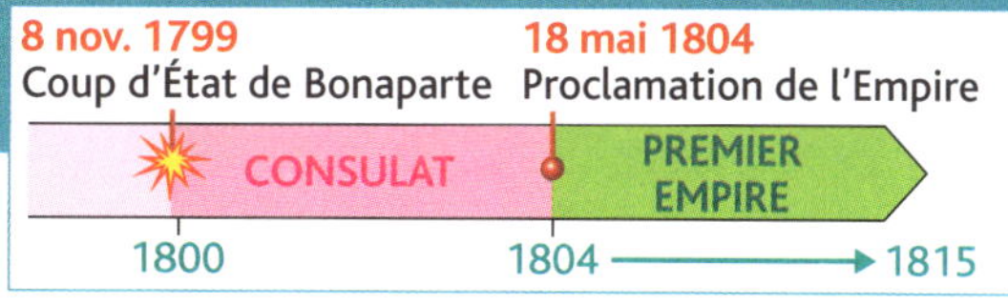

Comment Napoléon domine-t-il l'Europe ?

Document 1 L'influence napoléonienne

Le 15 novembre 1807, l'empereur Napoléon Ier écrit une lettre à son frère Jérôme, roi de Westphalie, pour lui donner des conseils quant à la façon de gouverner.

« Mon Frère, vous trouverez ci-joint la Constitution de votre royaume [...]. Avant le mois de janvier, vous devez avoir divisé votre royaume en départements [...]. Ce que désirent avec impatience les peuples d'Allemagne, c'est que les individus qui ne sont point nobles et qui ont des talents aient un droit égal à votre considération et aux emplois, c'est que toute espèce de servage soit entièrement abolie. Les bienfaits du Code Napoléon[1], l'établissement des jurys[2] seront autant de caractères distinctifs de votre monarchie. Il faut que vos peuples jouissent d'une liberté, d'une égalité, d'un bien-être inconnu aux peuples de la Germanie [...]. Les peuples de France, d'Italie, d'Espagne désirent l'égalité et veulent les idées libérales. Les privilèges sont contraires à l'opinion générale [...]. Soyez un roi constitutionnel. »

1. Code civil, recueil de lois qui fixe le droit entre les personnes.
2. Pour les procès criminels.

Document 2 La domination napoléonienne en Europe

- l'Empire français
- États vassaux gouvernés par des membres de la famille de Napoléon
- États alliés de la France momentanément
- États ennemis
- blocus continental contre les Anglais et ses points faibles
- États neutres
- principales victoires de Napoléon
- principales défaites de Napoléon
- application du Code civil
- foyers de résistance nationale à la domination française

1 Sur la frise en haut de la fiche, entourez quand et comment Napoléon parvient au pouvoir.

2 Sur le document 1, entourez le nom de l'auteur de cette lettre et soulignez le nom et le titre de son destinataire.

3 Dans le texte, relevez un exemple de réforme demandée par l'empereur dans le domaine :

- politique : ....
....
- administratif : ....
....
- social : ....
....
- judiciaire : ....
....

4 D'après le document 2, de quelle manière Napoléon Ier domine-t-il l'Europe ? Coloriez les États vassaux selon la légende.

....
....
....

5 Entourez en légende ce qui témoigne de la contestation de la domination napoléonienne.

6 D'après les documents, comment Napoléon diffuse-t-il les idées de la Révolution ?

....
....
....

7 Sur la carte, entourez le nom de la défaite de 1815 qui marque la fin de l'Empire et de la domination française en Europe.

Compétences

Analyser un document → 1 2 3 4 5
Se repérer dans le temps → 1
Pratiquer différents langages → 4 5 7
Raisonner → 6

Une France transformée par la Révolution et l'Empire

❓ *Quels grands changements sont intervenus pendant cette période ?*

Document Les grandes réformes au temps de la Révolution et de l'Empire

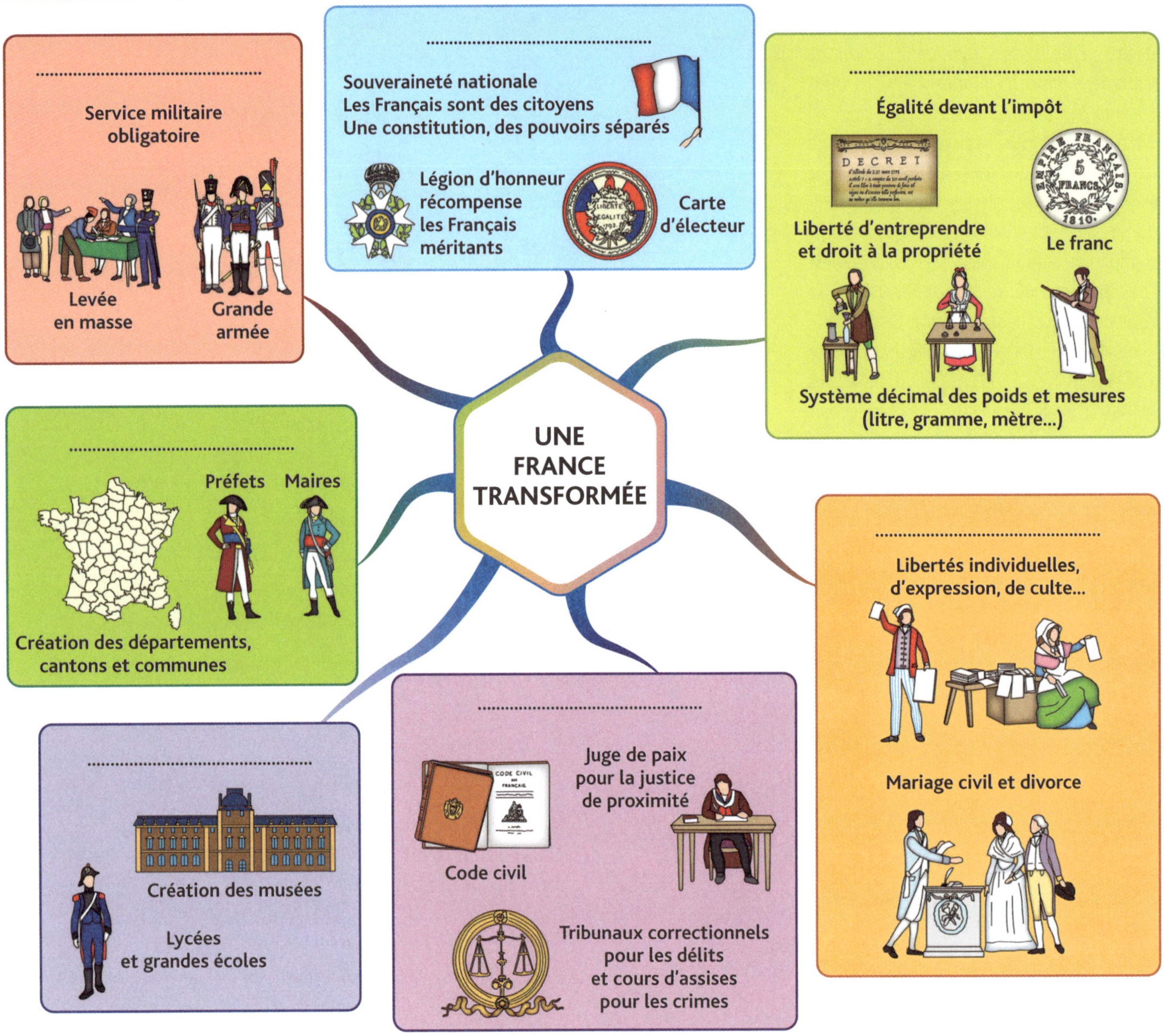

1 À l'aide de la liste suivante, complétez le schéma en indiquant les domaines dans lesquels de grandes réformes ont été réalisées pendant la Révolution et l'Empire :

Politique • Judiciaire • Économique • Administratif • Social • Éducation et culture • Militaire

2 Quels droits et libertés les citoyens ont-ils acquis durant cette période ?

....

....

....

....

3 Quelles réformes ont permis de mieux administrer le pays et son économie ?

....

....

....

....

4 Quelle réforme permet à l'État de former des fonctionnaires qualifiés ?

....

....

Compétences

Analyser un document → 2 3 4 Pratiquer différents langages → 1 Raisonner → 2 3 4

La révolution industrielle et sa diffusion

Fiche 15

? Qu'est-ce que la révolution industrielle et où se diffuse-t-elle ?

Document 1 Les révolutions industrielles au XIXe siècle et quelques grandes inventions

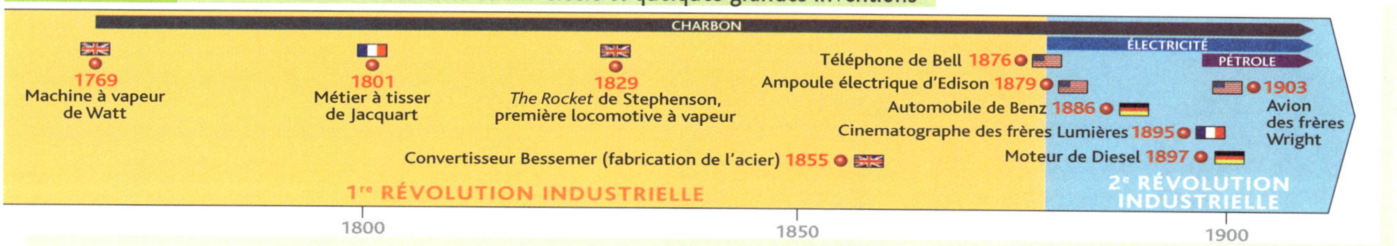

Document 2 L'industrialisation en Europe et dans le monde à la fin du XIXe siècle

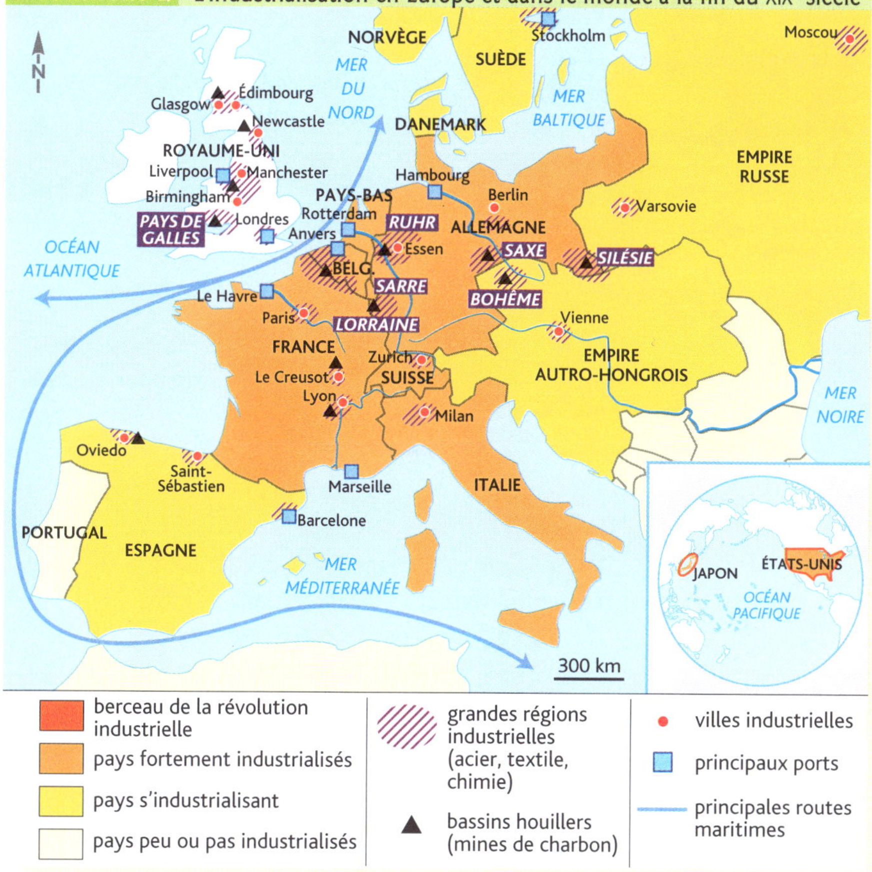

Document 3 Évolution de la production industrielle

Production de charbon par pays au début et à la fin du XIXe siècle (en milliers de tonnes)

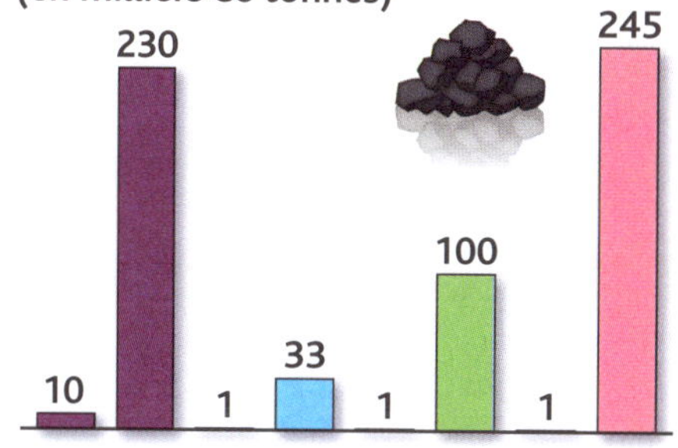

Production de fils de coton par pays au début et à la fin du XIXe siècle (en milliers de livres sterling)

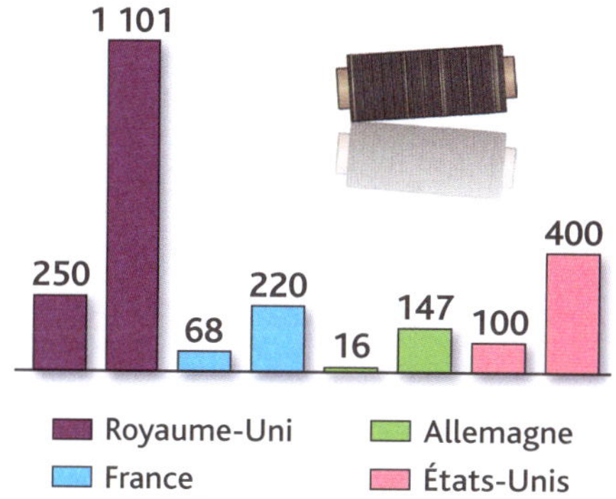

1 Sur la frise, entourez l'invention qui marque le début de la première révolution industrielle. Sur quelle source d'énergie repose cette révolution industrielle ?

....

2 Dans quel pays est-elle née ?

....

3 Sur la carte (doc. 2), coloriez selon la légende le berceau de la révolution industrielle.

4 D'après la frise, quand la deuxième révolution industrielle débute-t-elle et sur quelles nouvelles énergies repose-t-elle ?

....

5 Sur la carte, entourez le nom des pays les plus fortement industrialisés à la fin du XIXe siècle. Quelles sont les activités industrielles qui se développent dans ces pays ?

....

6 D'après le document 3, quelle évolution générale de la production de charbon et de fils de coton constatez-vous ?

....

7 Entourez les deux pays qui connaissent la plus forte progression de leurs productions.

8 Donnez une définition de la révolution industrielle.

....

....

Compétences

Analyser un document → 1 2 4 5 6

Se repérer dans le temps et l'espace → 2 3 4

Pratiquer différents langages → 1 3 7

Vocabulaire → 8

Révolution de la production et des transports

? Quels sont les changements dans la production et les transports ?

Document 1 Une usine de coton au début du XIXe siècle à Manchester (Royaume-Uni)

Aquarelle anonyme, 1834.

❶ Machine à carder (peigner) le coton ❷ Machine à filer le coton ❸ Arbre de transmission du mouvement de la machine à vapeur ❹ Roues et courroies ❺ Ouvrières ❻ Enfant

Document 2 Le succès du chemin de fer

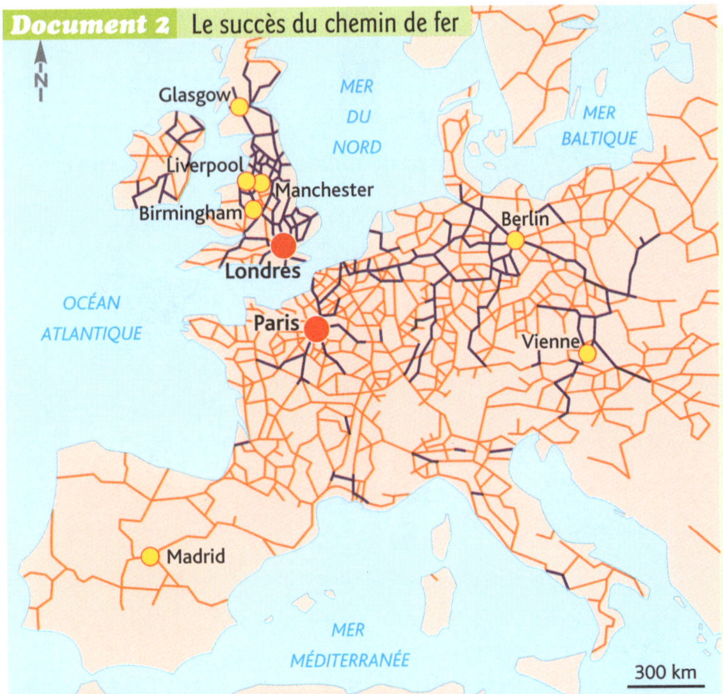

Voies ferrées construites
- avant 1850
- entre 1850 et 1880

- villes de plus de 1 million d'habitants
- villes de 500 000 à 1 million d'habitants

8 À l'aide des documents et de vos réponses aux questions précédentes, montrez que la machine à vapeur révolutionne la production industrielle et les moyens de transport.

....

....

....

....

....

1 Présentez et décrivez le document 1.

....

....

....

2 Placez sur l'image les numéros des éléments indiqués en légende.

3 Entourez dans la légende ce qui fournit l'énergie nécessaire aux machines.

4 D'après le document 2, quel moyen de transport se développe au cours du XIXe siècle ?

....

5 Qu'est-ce qui montre le succès de ce mode de transport ? Dans quel pays en particulier ?

....

....

6 Sur le document 3, à partir de la liste suivante, écrivez le numéro correspondant au moyen de transport représenté : ❶ Bateau à vapeur ❷ Diligence ❸ Bateau à voiles ❹ Train à vapeur

7 Quelle évolution des temps de transport constatez-vous ?

....

Document 3 La révolution des transports

1840
Londres-New York : 30 jours

1897
Londres-New York : 9 jours

1840
Londres-Édimbourg : 45 h

1897
Londres-Édimbourg : 13 h

Illustrations tirées de *Her Majesty's glorious Jubilee*, 1897.

Compétences

Analyser un document → 1 3 4 5 7 — Pratiquer différents langages → 2 6 — Raisonner → 8

Pont-à-Mousson (Lorraine), un paysage industriel

? *Comment l'industrie se développe-t-elle et transforme-t-elle les paysages ?*

Document 1 L'usine de Pont-à-Mousson en 1873

Je situe

❶ Hauts-fourneaux produisant la fonte ❷ Wagons transportant le minerai de charbon et de fer ❸ Halle ❹ Tas de minerai ❺ Dirigeants de l'usine

1 Présentez le document 1.

....

....

....

2 Placez sur la photographie les numéros des éléments indiqués en légende.

3 Qu'est-ce qui montre l'importante activité de cette usine ? Que produit-elle ?

....

....

4 Dans le document 2, entourez le nom du fondateur de cette entreprise et la date de sa création.

5 Qu'est-ce qui a motivé son choix d'investir dans ce lieu ?

....

6 Que fabrique l'usine et de quel pays une nouvelle technologie a-t-elle été importée ?

....

7 Qu'est-ce qui explique l'augmentation des besoins en tuyaux de fonte ?

....

Document 2 L'histoire de la fonderie

« Près de Pompey en Meurthe-et-Moselle, les terrassiers trouvent dans les déblais des pierres gris rougeâtre. Intéressé par ce minerai, connu dans la région, Frédéric Mansuy, un négociant établi à Pont-à-Mousson, obtient la concession du gisement. En juillet 1856, il crée une "usine à fer", achetant pour cela six hectares au sud de la ville, entre route, voie ferrée et canal, [...] et prend comme directeur l'ingénieur Xavier Rogé. Devenu le patron de l'entreprise, Rogé l'oriente vers la fabrication des tuyaux de fonte. Lors d'un voyage en Angleterre, il remarqua une technique de fusion verticale des tuyaux, il l'introduisit à Pont-à-Mousson et la perfectionna. Avec l'urbanisation rapide de l'Europe, les besoins en tuyaux devinrent considérables dans le domaine des conduites d'eau potable et de gaz, ainsi que pour l'évacuation des eaux usées et plaques d'égout. Pont-à-Mousson conquit de nombreux marchés en France et en Europe, en particulier celui de la ville de Paris. En 1886, forte de son succès et pour se développer, la société a besoin de capitaux importants : elle est transformée en Société anonyme des hauts-fourneaux et fonderies de Pont-à-Mousson. »

8 Soulignez les domaines dans lesquels cette entreprise a développé son activité.

9 Qu'est-ce qui montre le succès de cette entreprise et que devient-elle en 1886 ?

....

....

Compétences

Analyser un document → 1 3 4 5 6 7 8 9

Pratiquer différents langages → 2

Croissance démographique et émigration

? *Qu'est-ce qui pousse des Européens à émigrer et vers où ?*

Document 1 Évolution de la population européenne

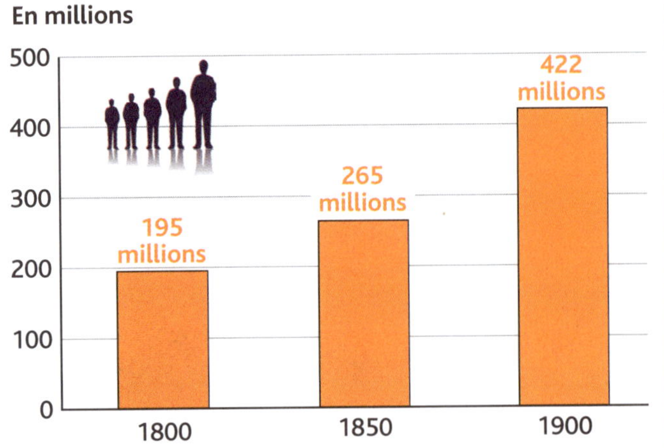

Au XIXe siècle, grâce aux progrès agricoles, à l'hygiène et une meilleure alimentation, la mortalité baisse en Europe alors que la natalité reste forte. Il s'ensuit une forte hausse de la population.

1 Présentez le document 1.

....

....

....

2 Soulignez en légende ce qui explique l'augmentation de la population.

3 D'après le document 2, que font beaucoup d'Européens au cours de ce siècle ? Calculez le nombre total d'Européens qui ont émigré.

....

....

4 Quel est le continent qui attire le plus de migrants ?

....

5 Quelle est la profession de l'auteur du document 3 ?

....

6 D'après ce texte, pour quelle destination ces Italiens embarquent-ils ? À quelles catégories sociales appartiennent-ils ?

....

....

7 Dans le texte, soulignez les passages évoquant la misère de ces gens.

Document 2 L'émigration dans le monde au XIXe siècle

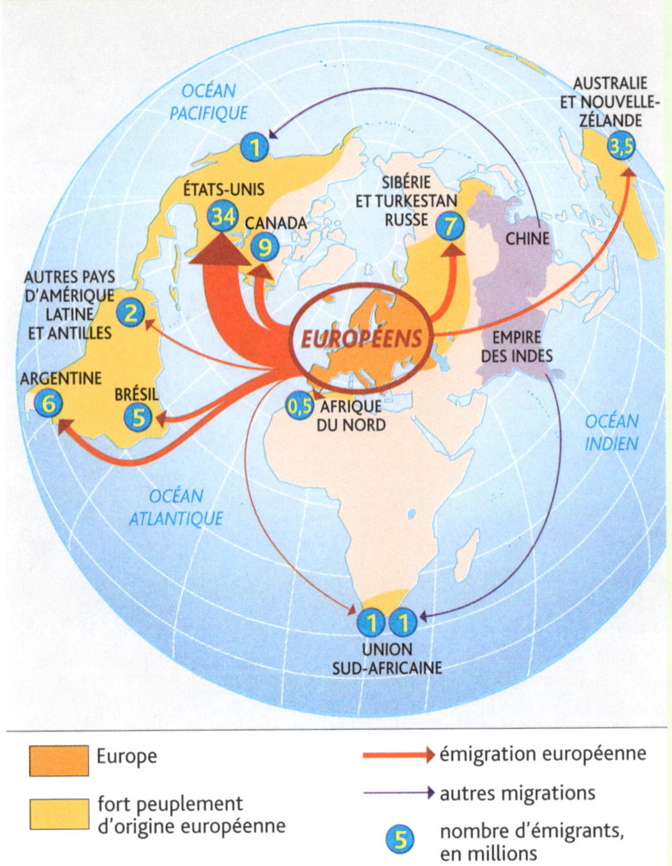

Document 3 Voyage d'émigrants italiens au XIXe siècle

« Quand j'arrivai au port [de Gênes] [...], l'embarquement des émigrants [pour l'Uruguay en Amérique du Sud] était déjà commencé [...] : une procession interminable de gens sortaient par groupes du bâtiment d'en face, où un délégué de la préfecture examinait les passeports.

La plupart d'entre eux tombaient de fatigue et de sommeil, ayant passé une nuit ou deux à la belle étoile, blottis comme des chiens dans les rues de Gênes. C'étaient des ouvriers, des paysans, des femmes avec l'enfant au sein, des adolescents ayant encore sur la poitrine la plaque de l'orphelinat, et beaucoup portaient des sacs et des valises en tout genre à la main ou sur la tête, des brassées de matelas et de couvertures, et le billet avec le numéro de la couchette coincé entre les lèvres. [...] C'était en troisième classe qu'avait lieu le spectacle. La plupart des émigrants, saisis par le mal de mer, gisaient pêle-mêle, jetés en travers des bancs, [...] le visage sale et les cheveux ébouriffés, au milieu d'un grand fouillis de couverts et de loques. Et l'on voyait des familles serrées en tas pitoyables, avec cet air de désarroi et d'abandon qui est le propre des sans-logis [...]. Même ceux qui ne souffraient pas avaient l'air abattu, et plus l'aspect de déportés que d'émigrants. »

Edmondo De Amicis (journaliste italien ayant traversé l'Atlantique avec des immigrants à la fin du XIXe siècle), *Sur l'Océan*, traduit par Olivier Favier, © Éditions Payot & Rivages, 2009.

Compétences

Analyser un document → 1 3 5 6 7 — Se repérer dans l'espace → 4 — Pratiquer différents langages → 2 3

La condition ouvrière au XIXe siècle

Fiche 19

? *Quelles sont les conditions de travail et de vie des ouvriers ?*

Document 1 Les conditions de travail des ouvriers : l'exemple de l'entreprise Schneider au Creusot

Avec la révolution industrielle se développe une nouvelle classe sociale, la classe ouvrière. Ses conditions de travail sont terribles, dangereuses et pour un salaire misérable.

A. Le travail dans une fonderie du Creusot

« [...] Cet ouvrier (puddleur) dont on exige tant d'habileté et de sang-froid, est placé à la bouche d'un four, d'où s'exhale une chaleur de 1 500°, celle du blanc soudant (la fonte). [...] Cette tâche, il ne la remplit pourtant qu'inondé de sueur et dévoré d'une soif ardente, et, ce qui est le plus triste à dire, en abrégeant la durée de sa vie. »

L. Reybaud, *Rapport sur la condition des ouvriers en fer : Le Creusot*, 1867.

Un puddleur est chargé de brasser la fonte avec une longue perche pour en enlever du carbone et la transformer en acier.

B. Le travail dans une mine de fer du Creusot

« Les galeries ont de 7 à 8 m de large sur 50 cm de haut. Deux mineurs côte à côte dans cet enfer travaillent couchés sur un côté opposé, pour ne pas se gêner mutuellement. On imagine facilement qu'une pareille situation pendant 10 heures par jour, souvent 12, est un véritable supplice [...] surtout lorsqu'il y a, comme c'est souvent le cas, 2 ou 3 cm d'eau. Ce travail est d'autant plus meurtrier qu'en raison de l'humidité qui règne dans la galerie, les ouvriers ne peuvent se reposer quelques minutes sans ressentir des frissons, il faut recommencer de frapper plus fort pour s'échauffer. [...] Les déblayeurs sont aussi obligés de se mouvoir dans toutes les positions pour charger leurs petits wagonnets. »

J.-B. Dumay, *Le Creusot : un fief capitaliste*, 1882 *in* Pierre Ponsot, *Les Grèves de 1870 et la Commune de 1871 au Creusot*, Éditions Sociales, 1957.

Un mineur travaillant à « col tordu » (couché).

1 Dans le document 1, encadrez le nom de la classe sociale qui se développe avec l'essor de l'industrie.

2 D'après ces deux témoignages, dans quelles activités l'entreprise Schneider emploie-t-elle des ouvriers ?

....

....

3 Dans le document 1A, soulignez les termes montrant la pénibilité du travail d'un puddleur.

4 Dans le document 1B, soulignez la durée d'une journée de travail d'un mineur.

5 Qu'est-ce qui rend le travail des mineurs très pénible ?

....

....

....

6 Présentez le document 2.

....

....

Document 2 Une famille ouvrière allemande en 1916

7 Combien de personnes composent cette famille ?

....

8 Quels éléments de la photographie montrent la pauvreté de cette famille ?

....

....

Compétences

Analyser un document → 1 2 3 4 5 6 7 8

La question sociale et le mouvement ouvrier

? *Comment la classe ouvrière a-t-elle lutté pour améliorer son sort ?*

Document 1 Le mouvement ouvrier au XIXe siècle

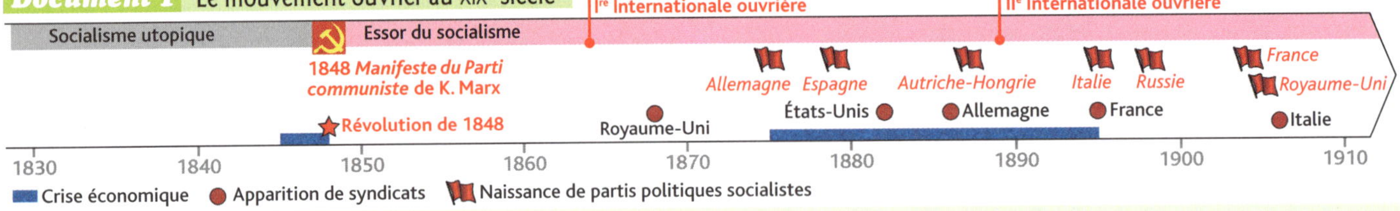

Document 2 Deux doctrines opposées

A. Le socialisme selon Karl Marx

« La société toute entière se divise de plus en plus [...] en deux classes diamétralement opposées : la bourgeoisie et le prolétariat[1] [...]. Les communistes proclament que leurs buts est le renversement violent de l'ordre social passé[2]. [...] Les ouvriers [...] sont exposés à toutes les vicissitudes de la concurrence, à toutes les fluctuations du marché. Les ouvriers commencent par se coaliser contre les bourgeois pour la défense de leurs salaires. Ils vont jusqu'à former des associations permanentes[3], pour être prêts en vue de rébellions éventuelles. Les prolétaires de tous les pays n'ont rien à perdre que leurs chaînes. Ils ont un monde à gagner. Prolétaires de tous les pays, unissez-vous ! »

Karl Marx, extraits du *Manifeste du Parti communiste*, 1848.

1. La classe ouvrière. 2. La révolution. 3. Les syndicats.

B. Le libéralisme selon Schneider (industriel du Creusot)

« ***Question.*** "Sur l'intervention de l'État ?"

Réponse. "Je n'admets pas un préfet dans les grèves ; c'est comme la réglementation du travail des femmes et des enfants ; on met des entraves inutiles, trop étroites, nuisibles surtout aux intéressés qu'on veut défendre, on décourage les patrons de les employer et ça porte presque toujours à côté."

Q. "La journée de huit heures ?"

R. "Pour moi, un ouvrier bien portant peut très bien faire ses dix heures par jour et on doit le laisser libre de travailler davantage si cela lui fait plaisir." »

D'après Jules Muret, *Enquête sur la question sociale en Europe : interview d'Henri Schneider [1896]*, Perrin, 1897.

Document 3 La Une du *Petit Parisien* (17 mai 1891)

Le 1er mai 1891, à Fourmies, ville d'industrie textile du Nord, les militaires répriment dans le sang la manifestation d'ouvriers réclamant la journée de 8 heures que les patrons refusent d'accorder. Le bilan est de 9 morts et 35 blessés.

1 D'après la frise et le document 2, quelle idéologie en faveur des ouvriers se développe à partir de 1848 ?

....

2 Sur la frise et le document 2, entourez le nom de l'ouvrage dans lequel Marx expose sa doctrine et sa date de parution.

3 Dans le texte 2A, soulignez :
- en rouge, le but des communistes ;
- en vert, ce que Marx reproche au libéralisme.

4 Dans le document 2B, soulignez les passages montrant que les industriels, partisans du libéralisme, ne veulent pas d'intervention de l'État.

5 Entourez ce qu'ils pensent des horaires de travail.

6 Dans le document 3, soulignez ce que réclament ces ouvriers du textile et entourez la position des patrons.

7 Quand manifestent-ils et que leur arrive-t-il ?

....

....

8 Sur l'image, écrivez les numéros des éléments suivants dans les cases :
❶ La ville de Fourmies ❷ La troupe qui tire ❸ Les morts et les blessés ❹ Les ouvriers s'enfuyant

9 D'après la frise et le document 2A, quelles organisations les ouvriers créent-ils pour défendre leurs intérêts :
- sur le plan du travail ? ....
- sur le plan international ? ....

Compétences

Analyser un document → 1 2 3 4 5 6 7 9
Pratiquer différents langages → 2 8
Se repérer dans le temps → 1

1848 : le Printemps des peuples

? *Qu'est-ce qui marque les révolutions de 1848 en Europe ?*

Document 1 Les révolutions libérales et nationales de 1848

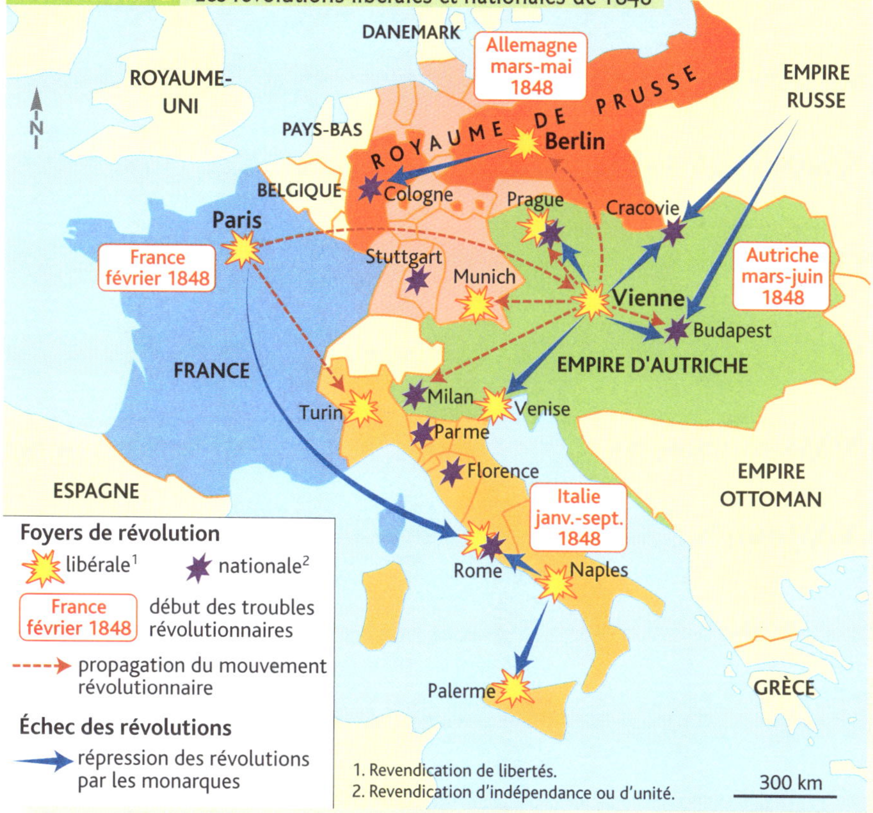

1 D'après la carte (doc. 1), d'où part le mouvement révolutionnaire de 1848 et quels pays gagne-t-il ?

....

....

....

2 Quels sont les deux types de revendications des révolutionnaires ?

....

....

....

3 D'après les documents 1 et 2, quel empire semble menacé de démembrement et pourquoi ?

....

....

Document 2 L'empire d'Autriche en 1848

« Jamais l'empire d'Autriche n'avait été plus voisin de sa perte. Jamais la possibilité d'un démembrement de ses possessions n'avait paru plus imminente. Pendant que la Lombardie (Milan) se révoltait à main armée et rompait violemment ses chaînes, la Hongrie (Budapest) obtenait une constitution indépendante et des libertés. En Bohême (Prague), quatre millions de Tchèques, qu'un mouvement de nationalité soulève contre la domination autrichienne, rêvaient de former avec les Serbes et les Croates un empire slave dont Prague serait la capitale. [...] Menacée de toutes parts, la cour d'Autriche ne fondait plus d'espoir que sur l'armée. »

Daniel Stern, *Histoire de la révolution de 1848* (publiée de 1850 à 1852).

Document 3 La révolution de 1848 en Hongrie

Les Hongrois qui vivaient sous la domination autrichienne des Hasbourg se soulèvent en mars 1848, sous l'impulsion du jeune poète Sándor Petőfi et Lajos Kossuth, chef du mouvement indépendantiste.

❶ Le poète Sándor Petőfi ❷ Lajos Kossuth ❸ Le drapeau hongrois ❹ La date de la révolution ❺ La chaîne brisée ❻ L'armée révolutionnaire ❼ Le peuple soulevé

4 Dans le texte (doc. 2), soulignez ce que veulent les peuples slaves de cet empire.

5 En légende du document 3, soulignez l'événement illustré.

6 Écrivez dans les cases les numéros des éléments indiqués en légende.

7 Que symbolisent le drapeau et la chaîne brisée ?

....

....

8 D'après les documents 1 et 2, comment les souverains d'Europe ont-ils réagi face à ces révolutions et qu'adviennent-elles ?

....

Compétences

Analyser un document → 1 2 3 4 5 8 Pratiquer différents langages → 6 Raisonner → 7 8

L'unité allemande et italienne

? *Comment l'Allemagne et l'Italie ont-elles réalisé leur unité nationale ?*

Document 1 La France soutient le Piémont contre l'Autriche

Cavour, Premier ministre du Piémont, rencontre secrètement l'empereur français Napoléon III en 1858.

« [...] L'Empereur [Napoléon III] a commencé par dire qu'il avait décidé de soutenir le Piémont de tout son pouvoir contre l'Autriche. L'Empereur a convenu qu'il était nécessaire de chasser les Autrichiens d'Italie une fois pour toutes et de ne leur laisser aucun pouce de territoire au sud des Alpes. Après avoir établi le destin de l'Italie, l'Empereur m'a demandé ce que la France obtiendrait et si votre majesté (Victor-Emmanuel II) cèderait la Savoie et le comté de Nice. »

D'après une lettre de Cavour au roi du Piémont, juillet 1858.

1 Dans le document 1, entourez la fonction de Cavour et soulignez le but de son alliance avec la France.

2 D'après le document 2, quelles sont les deux victoires franco-piémontaises qui ont permis d'atteindre l'unité nationale ?

....

3 Quel rôle a joué Garibaldi dans l'unité de l'Italie ?

....

....

4 Sur la carte, coloriez selon la légende les étapes de l'unité italienne et les territoires obtenus par la France en échange de son aide.

5 Encadrez la date à laquelle Rome devient la capitale du jeune royaume d'Italie.

6 D'après le document 3, qui est l'acteur de l'unité allemande ?

....

7 Coloriez la carte selon la légende, puis complétez le tableau suivant.

	Partie du territoire unifiée	Victoire militaire (nom, date, contre quel pays)
1re étape de l'unité	....	....
2e étape de l'unité	....	....

8 Quels territoires français sont annexés par l'Allemagne et quand l'Empire allemand est-il proclamé ?

....

....

....

Document 2 L'unité italienne (1859-1870)

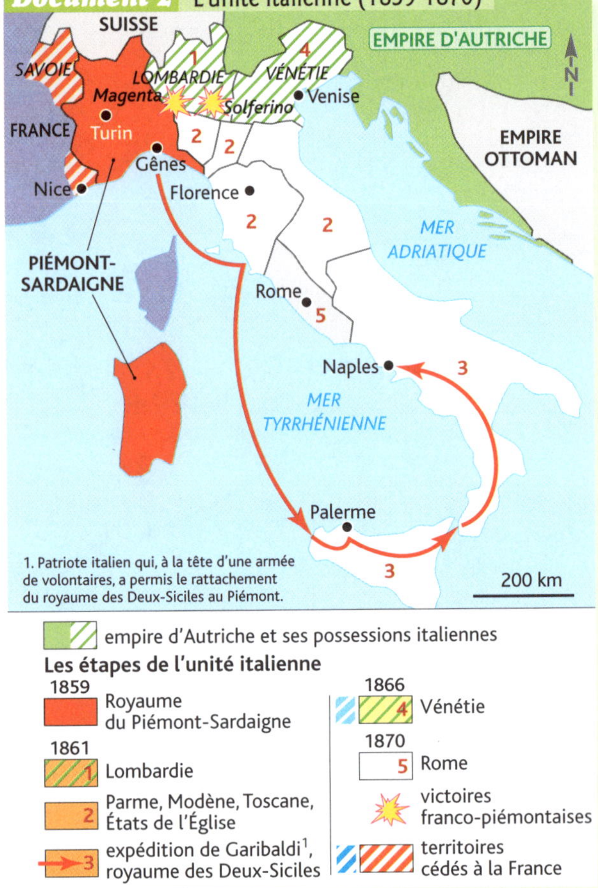

Document 3 L'unité allemande (1850-1871)

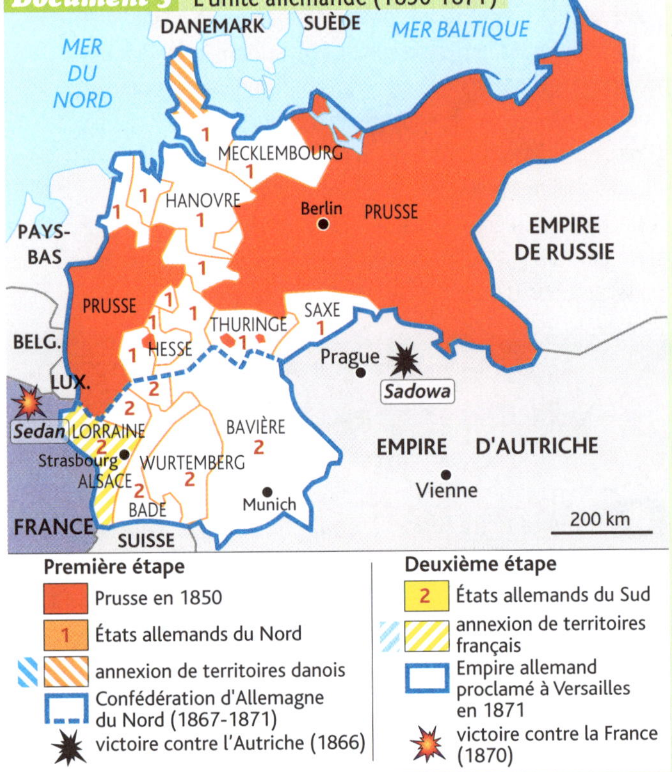

Bismarck, chancelier de Prusse, a unifié les États allemands sous l'autorité du roi Guillaume Ier. Pour y parvenir, il a combattu l'Autriche, puis la France.

Compétences

Analyser un document → 1 2 3 6 Se repérer dans l'espace et dans le temps → 5 8 Pratiquer différents langages → 4 7

Exploration et rivalités coloniales au XIXe siècle

? *Quels sont les enjeux et rivalités entre pays européens en Afrique ?*

Document 1 L'exploration de l'Afrique au cours du XIXe siècle

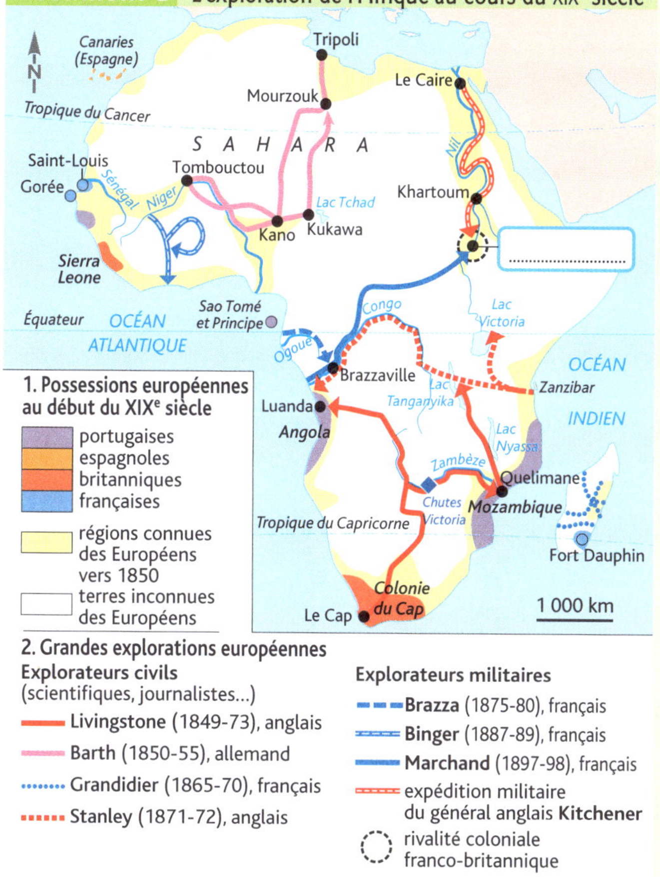

Document 2 L'affaire de Fachoda vue par la presse française

Le Petit Journal
SUPPLÉMENT ILLUSTRÉ
Huit pages : CINQ centimes
DIMANCHE 20 NOVEMBRE 1898

LE PETIT CHAPERON ROUGE
— Mère-grand, comme vous avez de grandes dents !
C'est pour manger la galette, mon enfant !

Occupant l'Égypte depuis 1882, l'Angleterre souhaite relier Le Caire au Cap alors que La France veut relier Dakar, sur l'Atlantique, à Djibouti, sur la mer Rouge. Le 18 septembre 1898, à Fachoda, au Soudan, la troupe française du capitaine Marchand se retrouve face à une armée du général britannique Kitchener. Cela donne lieu à une grave crise diplomatique entre ces deux puissances coloniales qui se résout par un retrait français.

Cette caricature, en Une du *Petit Journal* du 20 novembre 1898, reprend le conte de Charles Perrault, *Le Petit Chaperon rouge*.

1 D'après la légende de la carte, après les scientifiques et journalistes, qui s'intéresse à l'Afrique à partir de Brazza ?

....

2 En légende du document 2, soulignez en rouge le projet britannique et en bleu le projet français. Pourquoi est-ce une source de conflits ?

....

....

3 Entourez le nom des deux personnalités impliquées dans cette affaire. Écrivez ensuite le nom du lieu de leur rencontre sur la carte 1.

4 D'après la légende, à quoi cette affaire donne-t-elle lieu ? Comment s'est terminée cette crise ?

....

....

....

5 Écrivez sur le document 2 les numéros des éléments suivants :
1. L'Égypte britannique
2. L'Angleterre
3. Les armes (Albion est l'ancien nom de la Grande-Bretagne)
4. Drapeau britannique
5. La République française
6. La galette (Fachoda)

6 Quel message ce dessin de presse veut-il délivrer ?

....

....

....

....

Compétences

Analyser un document → 1 2 3 4 Se repérer dans l'espace → 3 Pratiquer différents langages → 3 5 Raisonner → 6

La constitution des empires coloniaux au XIXe siècle

? *Qu'est-ce qui pousse les Européens à dominer le monde ?*

Document 1 La colonisation en débat

A. Le point de vue d'un partisan de la colonisation

« La première forme de la colonisation, c'est celle qui offre un asile et du travail au surcroît de population. [...]. Mais il y a une autre forme de colonisation. [...] Les colonies sont pour les pays riches un placement de capitaux des plus avantageux. [...] Dans la crise que traversent toutes les industries européennes, la fondation d'une colonie, c'est la création d'un débouché. [...] Messieurs, [...] il faut dire ouvertement que les races supérieures ont [...] un devoir de civiliser les races inférieures. [...] À l'heure qu'il est, [il est nécessaire] d'avoir sur les mers des rades d'approvisionnement, des abris, des postes de défense et de ravitaillement.
Enfin, si la France veut rester un grand pays, qu'elle porte partout où elle le peut sa langue, ses mœurs, son drapeau, ses armes et son génie ! »

D'après le discours de Jules Ferry, ministre des colonies, à la Chambre des députés, 28 juillet 1885.

B. Le point de vue d'un adversaire de la colonisation

« En supposant que la théorie de M. Jules Ferry sur les profits des expéditions coloniales soit justifiée, les dépenses de cet ordre ne sont jamais que des dépenses de luxe [...]. Races supérieures, races inférieures, c'est bientôt dit ! Pour ma part, j'en rabats singulièrement depuis que j'ai vu des savants allemands démontrer scientifiquement que la France devait être vaincue dans la guerre franco-allemande parce que le Français est d'une race inférieure à l'Allemand. [...] La conquête que vous préconisez, c'est l'abus pur et simple de la force que donne la civilisation scientifique sur les civilisations rudimentaires, pour s'approprier l'homme, le torturer, en extraire toute la force qui est en lui au profit du prétendu civilisateur. [...] Quant à moi, mon patriotisme est en France. Je déclare que je garde mon patriotisme pour la défense du sol national. »

D'après la réponse de Georges Clemenceau, dans son discours à la Chambre des députés, 30 juillet 1885.

Document 2 L'Europe et ses colonies en 1914

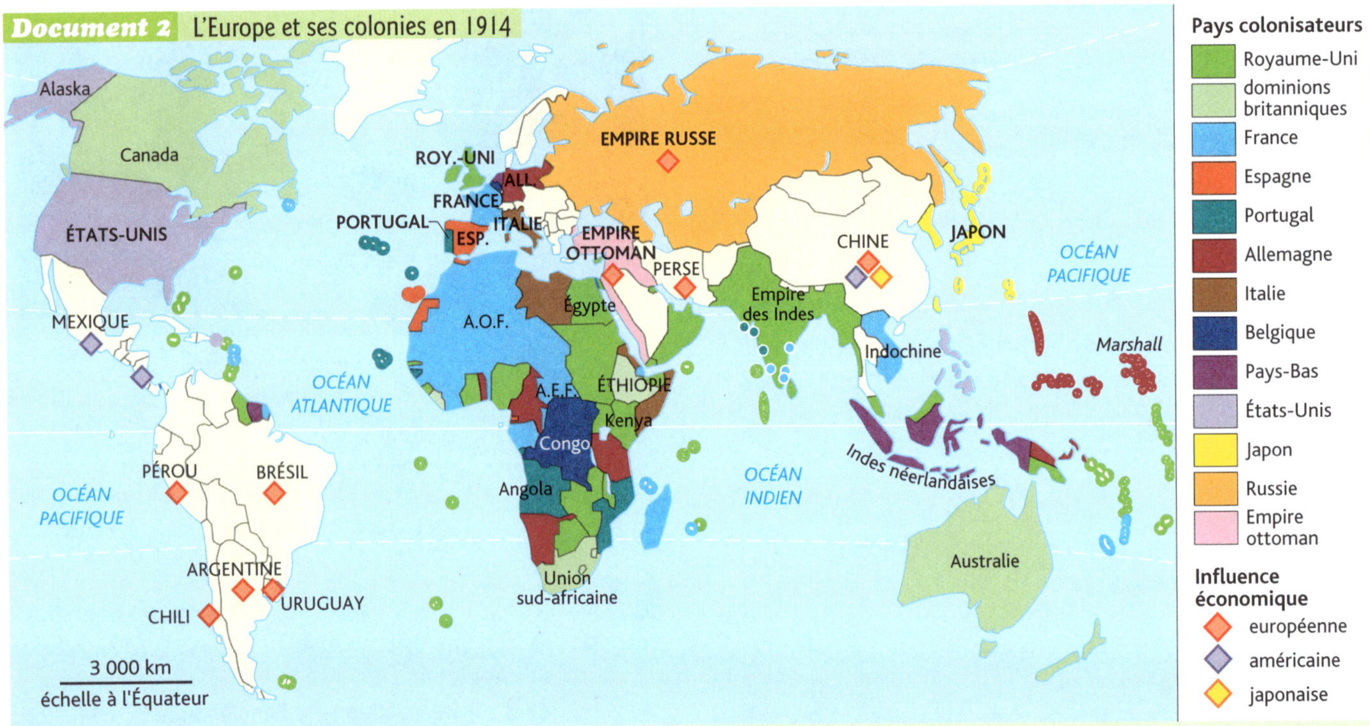

1 Dans le document 1A, entourez la fonction de Jules Ferry, puis soulignez en bleu ses arguments démographiques, en rouge ceux économiques, en noir ceux « civilisateurs » et, en vert, ceux stratégiques.

2 Entourez la phrase qui montre l'aspect impérialiste de ce discours.

3 Quelles critiques Georges Clemenceau (doc. 1B) adresse-t-il à la politique de colonisation du gouvernement ?

....

4 Sur la carte (doc. 2), entourez le nom des deux pays européens ayant le plus vaste empire colonial.

5 Quels sont les deux continents les plus colonisés ?

....

6 À quelle autre forme de domination l'Amérique latine et la Chine sont-elles soumises ?

....

....

Compétences

Analyser un document → 1 2 3 4 6 Pratiquer différents langages → 4 Se repérer dans l'espace → 5

? *Quels sont les aspects de la colonisation en Indochine ?*

Document 1 Les étapes de la conquête de l'Indochine par la France

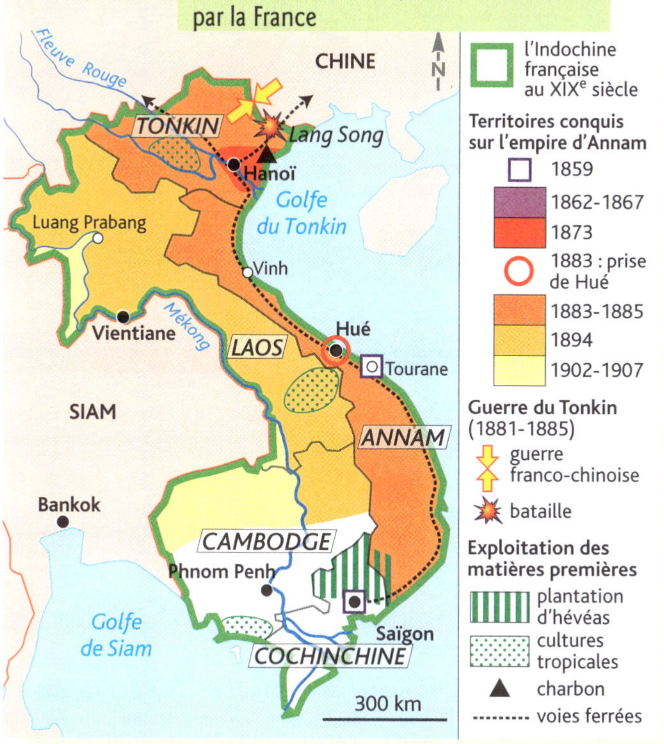

Document 2 La prise des forts de Hué (1883)

Pierre Loti, alors militaire, relate les horreurs de la bataille de Hué à la Une du Figaro du 17 octobre 1883.

« Plus personne à tuer. Alors les matelots, la tête perdue de soleil, de bruit, sortaient du fort et descendaient se jeter sur les blessés avec un tremblement nerveux. Ceux qui haletaient de peur, tapis dans les trous [...] qui râlaient en tendant les mains pour demander grâce [...]. Ils les achevaient, en les crevant à coups de baïonnette, en leur cassant la tête à coups de crosse. »

D'après le site Internet Archives ouvertes, www.hal.archives-ouvertes.fr, 2017.

Image d'Épinal, *La Prise des forts de Hué*, 1883.

1 Sur le document 1, coloriez selon la légende les territoires où débute la colonisation française de l'Indochine.

2 Dans la légende, entourez le nom de l'Empire vietnamien conquis par la France jusqu'en 1885.

3 D'après les documents 1 et 2, comment la France s'est-elle imposée en Annam ? Au Tonkin ? Contre quel pays ?

....

4 Dans le document 2, entourez le nom de l'auteur de l'article et sa fonction. Soulignez sur la carte (doc. 1) le nom de la bataille dont il témoigne.

5 Soulignez les violences dont il a été témoin.

6 Sur l'image, écrivez dans les cases les numéros des éléments suivants : ❶ Les forts de Hué ❷ L'escadre française ❸ Les marins français ❹ Les Annamites

7 Comment le texte et l'image donnent-ils une image différente de cette bataille ?

....

....

8 Complétez le schéma (doc. 3) à l'aide des termes suivants : Société coloniale française • Colonisés dominés • Exploitation des ressources naturelles • Mise en valeur ▶

9 Qui domine la société coloniale ? À quoi la grande part des colonisés est-elle réduite ?

....

....

Document 3 La société coloniale en Indochine française

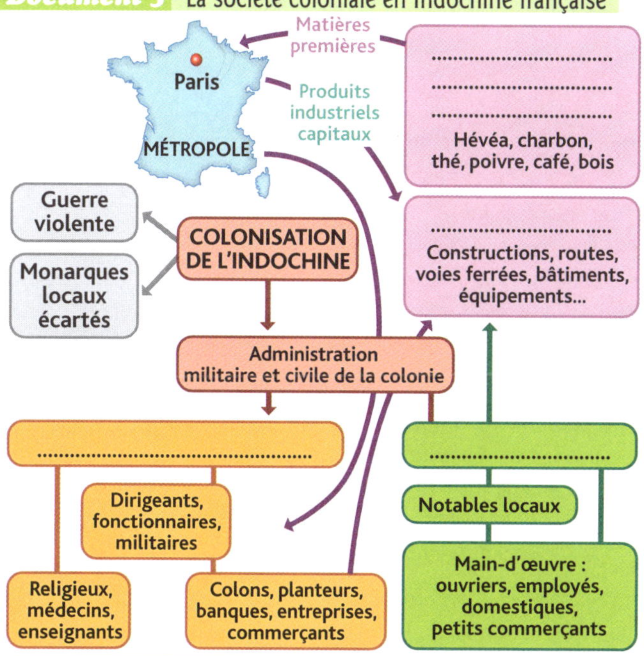

Compétences

Analyser un document → 3 4 5 7 9

Se repérer dans l'espace → 1

Pratiquer différents langages → 1 2 4 6 8

Une conquête : voter de 1815 à 1870

? *Comment le droit de vote et le nombre d'électeurs ont-ils évolué ?*

Document 1 Régimes politiques et évolution du droit de vote de 1815 à 1914

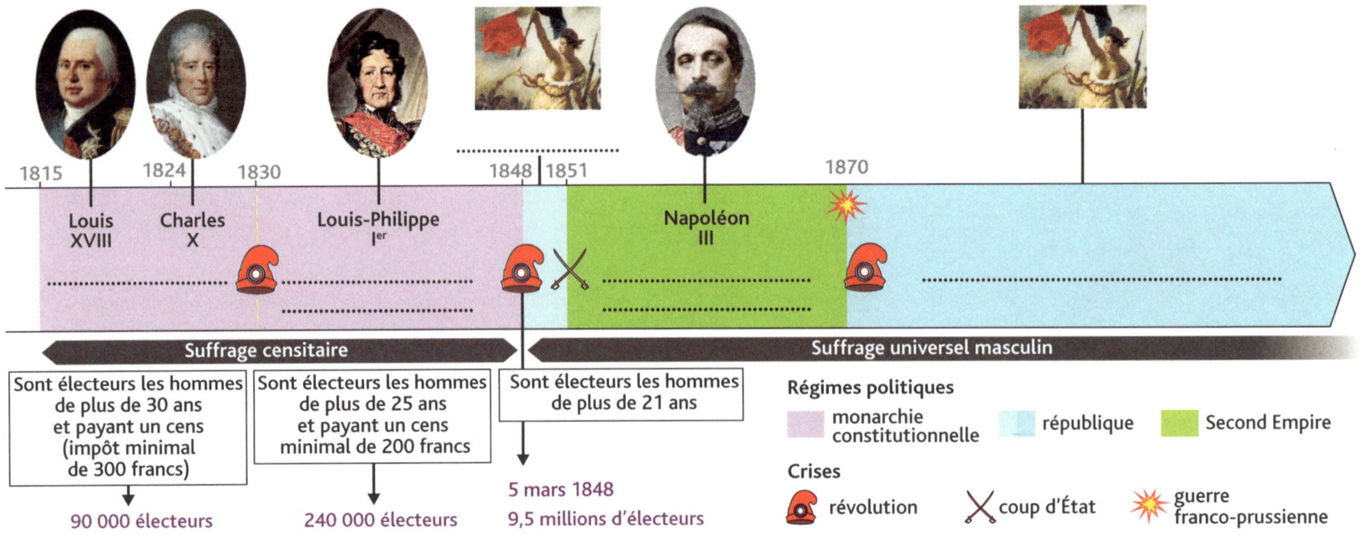

Document 2 Revendiquer le suffrage universel

« La souveraineté du peuple [a été proclamée] il y a près de cinquante années [...]. Mais qu'est-elle devenue ? Aujourd'hui, le peuple, c'est un troupeau conduit par quelques privilégiés comme vous, comme moi, messieurs, qu'on nomme électeurs, puis par quelques autres, plus privilégiés encore, qu'on salue du titre de député. Et si ce peuple, qui n'est point représenté, se lève pour revendiquer ses droits, on le jette dans les cachots. [...] C'est dire assez que ce système [...] a fait son temps, et qu'il faut le changer [...]. La réforme électorale est le premier pas à faire. [...] Que tout citoyen soit électeur, que le député soit l'homme de la nation, non de la fortune ; qu'il soit désigné pour sa vertu. »

Discours d'Alexandre Ledru-Rollin (homme politique, républicain et acteur de la révolution de 1848) aux électeurs de la Sarthe, 23 juillet 1841.

Document 3 Les candidatures officielles sous le Second Empire

« Monsieur le Maire,
Le scrutin[1] ouvre demain.
J'ai l'honneur de vous rappeler [...] que vous aurez sur le bureau [...] des bulletins portant le nom de M. de Dalmas et pas d'autres ; qu'il est important que des personnes intelligentes et sûres, munies de bulletins à son nom, occupent les abords de la mairie et protègent les électeurs [...] contre l'erreur et le mensonge. Faites voter en masse, monsieur le Maire, pour M. de Dalmas candidat du gouvernement ; [...] vous servirez à la fois le gouvernement de l'Empereur et l'intérêt général du pays. »

Lettre adressée aux maires par le sous-préfet de Fougères, 1859.

1. Sous le Second Empire, les maires sont nommés par l'État.

1 Écrivez sur la frise (doc. 1) le nom des régimes politiques successifs de la France au XIXe siècle :

Restauration • IIe République • Monarchie de Juillet • IIIe République • Second Empire

2 Entourez le mode de suffrage en usage sous la monarchie. Qu'a-t-il d'inégalitaire ?

....

3 D'après le document 2, que revendique le républicain Ledru-Rollin et quand ? Soulignez le passage critiquant le suffrage censitaire.

....

4 Entourez sur la frise la date d'institution du suffrage universel et le type de crise qui l'a précédée.

5 Quel effet cela a-t-il sur le nombre d'électeurs ? Qui reste écarté du vote ?

....

....

6 En rouge, entourez le rédacteur de la lettre en document 3 et soulignez les destinataires. À quelle occasion est-elle rédigée ?

....

7 En vert, entourez le nom du candidat officiel du régime impérial, puis soulignez les trois moyens recommandés pour assurer son élection.

8 Sur une feuille à part, montrez l'évolution du droit de vote et les limites du suffrage universel de 1815 à 1870.

Compétences

Analyser des documents → 2 3 4 5 6 7 — Pratiquer différents langages → 1 2 4 — Raisonner → 8

La naissance de la IIIe République

Dans quel contexte la IIIe République est-elle née ?

Document 1 Chronologie

19 juillet 1870 Le gouvernement de Napoléon III déclare la guerre à la Prusse.

2 sept. L'armée française capitule à Sedan, l'empereur est fait prisonnier. À l'annonce de la nouvelle, les Parisiens se révoltent le 3 septembre.

4 sept. Léon Gambetta et Jules Favre, avec les députés républicains, entraînent vers l'Hôtel de Ville la foule des manifestants. Gambetta lit le texte proclamant la République. Un gouvernement provisoire est mis en place avant la tenue d'élections.

Février 1871 Une majorité monarchiste est élue aux législatives et négocie la paix avec l'Allemagne. Les Parisiens, républicains et socialistes, rejettent cette assemblée. Ils se soulèvent le 18 mars 1871 et proclament la Commune de Paris. Le gouvernement de Thiers va s'installer à Versailles.

21-28 mai « Semaine sanglante » : reprise de Paris par l'armée des Versaillais qui fait plus de 20 000 morts chez les communards.

Document 2 La proclamation de la République (4 sept. 1870)

Gravure colorisée, 1870. ❶ Le palais Bourbon ❷ Léon Gambetta debout sur les marches du palais Bourbon fait acclamer la République avant d'aller, sur invitation de Jules Favre, la proclamer à l'Hôtel de Ville ❸ La foule des Parisiens *(x2)* ❹ Jules Favre ❺ Les députés ❻ Les militaires fraternisant avec les républicains ❼ Graffitis républicains

1 D'après la chronologie (doc. 1), quel régime s'écroule en septembre 1870 ? Que font alors les Parisiens ?

....

....

2 Quand la République est-elle proclamée et par qui ? Qu'est-ce qui est alors mis en place ?

....

....

....

3 Où se déroule la scène représentée par le document 2 ? Sur l'image, écrivez dans chaque case le numéro des acteurs du 4 septembre listés en légende.

....

4 Qu'est-ce qui montre l'enthousiasme de la foule ?

....

....

5 D'après la chronologie, qui remporte les élections après la proclamation de la République ?

....

6 Que font les Parisiens ? Quelle est la réponse du gouvernement de Versailles ?

....

7 📖 À l'aide de la liste suivante, identifiez les moments forts de la Commune de Paris en donnant un titre à chaque image ci-dessous : Déportation de communards • Semaine sanglante • Barricades de communards à Paris

....

....

....

Compétences

Analyser des documents → 1 2 4 5 6

Pratiquer différents langages → 3 7

L'affirmation de la République

Fiche 28

? *Comment se manifeste l'affirmation des valeurs républicaines ?*

Document 1 Les symboles et valeur des républicains

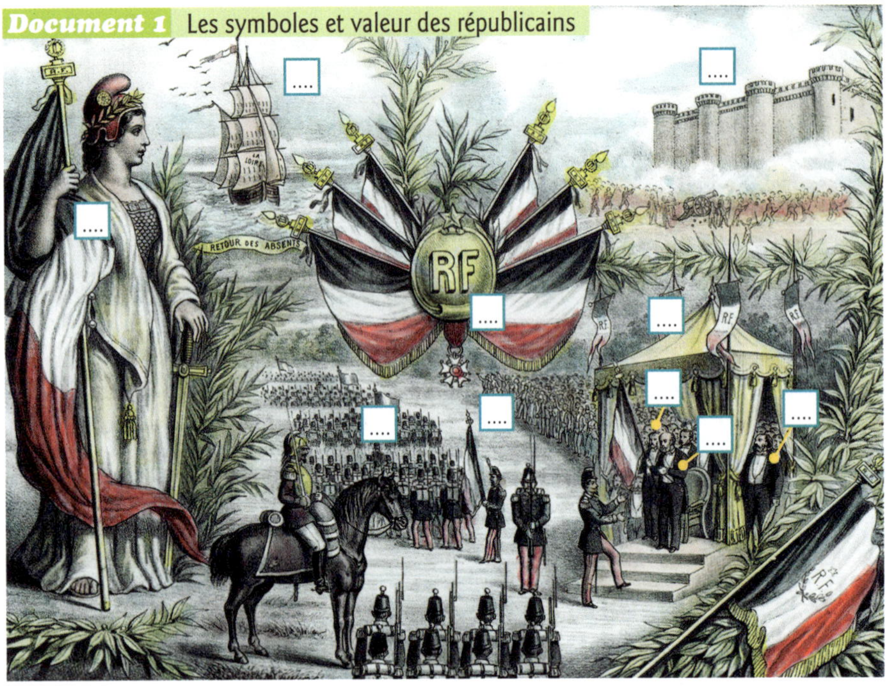

La République triomphante préside à la grande fête nationale du 14 juillet 1880, gravure anonyme, vers 1880.

À la suite de la victoire écrasante des républicains aux élections de 1876, le royaliste Mac-Mahon démissionne de la présidence de la République. Jules Grévy (1807-1891), républicain modéré, le remplace. Les républicains prennent des mesures symboliques : retour du siège du pouvoir à Paris (1879), amnistie accordée aux condamnés de la Commune (1880), adoption de *La Marseillaise* comme hymne national (1879) et du 14 juillet comme fête nationale (6 juillet 1880). Cette gravure, éditée à Paris, vise la clientèle populaire désireuse d'emporter un souvenir de la fête nationale.

❶ Marianne victorieuse ❷ Initiales républicaines et Légion d'honneur ❸ Défilé militaire ❹ Tribune officielle ❺ Jules Grévy, Président de la République remet à l'armée ses nouveaux drapeaux ❻ Léon Say, président du Sénat ❼ Léon Gambetta, président de la Chambre des députés ❽ Le navire *La Loire* ramène de Nouvelle-Calédonie les Communards amnistiés ❾ La Prise de la Bastille commémorée ❿ Le public

1 Dans la légende du document 1, soulignez ce que remportent les républicains aux élections législatives de 1876.

Document 2 Les lois fondant les libertés républicaines

A. Lois Ferry de 1881 et 1882-1883 sur l'école

« Elles garantissent la scolarité laïque, gratuite et obligatoire jusqu'à l'âge de treize ans pour les garçons et les filles. Le monde ouvrier salue cette loi qui permet à de nombreux enfants issus de familles pauvres d'aller pour la première fois à l'école. Les républicains voient en l'école un moyen de fabriquer des républicains en y enseignant les valeurs de la République. »

B. Loi de 1881 sur la presse (extraits)

« **Art. 1.** L'imprimerie et la librairie sont libres. [...]

Art. 5. Tout journal et écrit périodique peut être publié sans autorisation préalable. »

C. Loi de 1884 sur les syndicats

« Les syndicats ou associations professionnelles pourront se constituer librement sans autorisation du gouvernement. »

D. Loi de 1901 sur les associations

« Les associations de personnes pourront se former librement sans autorisation ni déclaration préalable. »

2 À qui cette gravure est-elle destinée et à quelle occasion est-elle publiée ?

....

....

3 Dans la légende, entourez les mesures symboliques prises par les républicains au pouvoir.

4 Sur l'image, écrivez les numéros des éléments indiqués en légende.

5 Quelle image de la République cette gravure diffuse-t-elle ?

....

....

6 Dans le document 2A, entourez ce que créent les lois Ferry et soulignez ce qu'elles doivent permettre.

7 Quelle loi concerne la liberté d'expression et que permet-elle ?

....

8 Quel droit est reconnu au monde ouvrier ? Pourquoi est-ce un progrès social ?

....

....

9 Entourez la liberté accordée à tous les citoyens.

10 Sur une feuille à part, à l'aide des documents et de vos réponses aux questions précédentes, montrez que la République est solidement établie en France à la fin du XIXe siècle.

Compétences

Analyser des documents → 1 2 3 5 6 7 8 9 | Pratiquer différents langages → 4 | Raisonner → 10

En quoi l'affaire Dreyfus est-elle une crise pour la République ?

Document 1 Chronologie de l'affaire Dreyfus

Sept. 1894 Découverte d'une lettre d'un officier français livrant des renseignements à l'Allemagne. Le capitaine Dreyfus, accusé d'être l'auteur de la lettre, est condamné à la déportation au bagne en Guyane et à la dégradation. L'affaire divise la France entre les défenseurs de Dreyfus et ses opposants, souvent antisémites.

1898 Des preuves de la culpabilité sont produites mais les soupçons se portent sur un autre officier, Esterhazy, qui est jugé et acquitté malgré les preuves de sa culpabilité. Zola publie « J'accuse » dans je journal *L'Aurore*. Il est condamné à un an de prison. On découvre peu après qu'un des documents qui accuse Dreyfus est un faux réalisé par le colonel Henry.

1899 Dreyfus est rejugé à Rennes par le tribunal militaire et de nouveau condamné alors qu'il n'y a plus de preuve contre lui et que tout accuse Esterhazy. Le 19 septembre, il est gracié par le président de la République.

1906 Dreyfus est réhabilité. Il reçoit la Légion d'honneur.

1 Dans le document 1, entourez en rouge la date à laquelle débute l'affaire Dreyfus, soulignez en rouge son grade, de quoi on l'accuse et à quoi est-il condamné.

2 Soulignez en vert ce qui prouve la machination contre Dreyfus.

3 Quand est-il réhabilité ?

....

4 Dans quel journal ce dessin (doc. 2) est-il publié ? Entourez le nom de son directeur.

....

5 Montrez que ce journal est violemment antisémite.

- Retrouvez le message du dessin en y reportant les numéros des éléments suivants : Édouard Drumont ❶, dans *La Libre Parole*, fait la lumière ❷ sur la trahison ❸ du juif Dreyfus ❹.
- Décrivez ce que fait Drumont et comment Dreyfus est représenté.

....

....

6 Quand et dans quel journal la lettre de Zola (doc. 3) est-elle publiée ? À qui est-elle adressée ?

....

....

7 Soulignez dans le texte ce que dénonce Zola dans cette affaire. Qu'est-ce qui montre son courage ?

....

8 Au nom de quelles valeurs républicaines héritées de la Révolution de 1789 se bat-il ?

....

Document 2 Caricature antidreyfusarde (10 nov. 1894)

Dessin paru dans le supplément illustré du journal nationaliste et antisémite d'Édouard Drumont, *La Libre Parole*.

Document 3 « J'accuse » d'Émile Zola

L'AURORE
Littéraire, Artistique, Sociale
J'Accuse...!
LETTRE AU PRÉSIDENT DE LA RÉPUBLIQUE
Par ÉMILE ZOLA

« J'accuse le lieutenant-colonel du Paty de Clam d'avoir été l'ouvrier diabolique de l'erreur judiciaire.
J'accuse le général Mercier de s'être rendu complice, tout au moins par faiblesse d'esprit, d'une des plus grandes iniquités du siècle.
J'accuse le général Billot d'avoir eu entre les mains les preuves de l'innocence de Dreyfus et de les avoir étouffées.
J'accuse le général Boisdeffre et le général Gonse de s'être rendus coupables du même crime. En portant ces accusations je n'ignore pas que je me mets sous le coup des articles 30 et 31 de la loi sur la presse du 28 juillet 1881 qui punit les délits de diffamation et c'est volontairement que je m'expose[1].
L'acte que j'accomplis ici n'est qu'un moyen pour hâter l'explosion de la vérité et de la justice. »

Extraits de la lettre d'Émile Zola parue dans *L'Aurore*, 13 janvier 1898.

1. Zola sera condamné à un an de prison.

Compétences

Analyser des documents → 1 2 4 6 7 Se repérer dans le temps → 3 Pratiquer différents langages → 5 Raisonner → 5 8

La séparation des Églises et de l'État

? *Quel principe républicain la loi de 1905 établit-elle ?*

Document 1 La loi de séparation des Églises et de l'État (9 déc. 1905)

La France républicaine menant une politique étrangère à laquelle s'oppose le Pape, les relations diplomatiques sont rompues en 1904. Dès lors, Émile Combes, chef du gouvernement, dépose un projet de loi de séparation des Églises et de l'État à la Chambre des députés.

« **Art. 1.** La République assure la liberté de conscience. Elle garantit le libre exercice des cultes. [...]

Art. 2. La République ne reconnaît, ne salarie ni ne subventionne aucun culte. En conséquence, [...] seront supprimées des budgets de l'État, des départements et des communes, toutes dépenses relatives à l'exercice des cultes. [...]

Art. 3. Dès la promulgation de la présente loi, il sera procédé par les agents de l'administration des domaines à l'inventaire descriptif et estimatif des biens mobiliers et immobiliers desdits établissements [religieux] [...]. »

Document 2 Caricature parue dans *Le Rire* (20 mai 1905)

Le Rire, journal humoristique paraissant le samedi, connaît un grand succès. Cette caricature a été réalisée par Charles Léandre pendant la préparation de la loi de séparation des Églises et de l'État.

❶ L'Église, représentée par un curé ❷ L'État, représenté par Marianne ❸ Jean-Baptiste Bienvenu-Martin, ministre de l'Instruction Publique, des Beaux-Arts et des Cultes au moment du vote de la loi de 1905 ❹ Une cathédrale dans le crépuscule ❺ Un soleil levant et un coq claironnant

Document 3 Les affrontements devant la basilique Sainte-Clotilde à Paris

Dessin de Paul Dufresne, *L'Inventaire dans les Églises. La bagarre à Sainte-Clotilde*, février 1906.

La loi de séparation prévoit un inventaire des biens et richesses de l'Église (doc. 1, art. 3) et la confiscation de la partie non nécessaire au culte. Cela entraine entraîne l'opposition des cléricaux.
Le 18 février 1906, *Le Petit Parisien* illustre les affrontements devant la basilique Sainte-Clotilde à Paris.

1 Dans le document 1, soulignez en rouge le contexte dans lequel la loi a été élaborée.

2 Entourez la liberté assurée par la loi de 1905.

3 Soulignez en vert le passage montrant la neutralité de l'État en matière de religion. Comment appelle-t-on ce principe ?

....

4 D'après le document 2, à quelle étape de la loi de 1905 cette caricature est-elle publiée ?

....

5 Écrivez dans les cases les numéros des éléments indiqués en légende.

6 Quel message cette caricature délivre-t-elle ?

....

....

....

7 D'après les documents 1 et 3, à quel article de la loi ces manifestants s'opposent-ils ? Qu'est-ce qui montre la violence des affrontements ?

....

....

....

Compétences

Analyser des documents → 1 2 3 4 6 7 — Pratiquer différents langages → 5 — Raisonner → 6 7

Le vote, fondement de la République

? *Comment évolue la pratique du vote et quelles sont ses limites ?*

1 Présentez le document 1.

....

....

....

2 Écrivez dans les cases les numéros des éléments indiqués en légende.

3 Comment le peintre montre-t-il que le vote concerne toutes les catégories sociales du pays ?

....

....

....

Document 1 Un bureau de vote en 1891

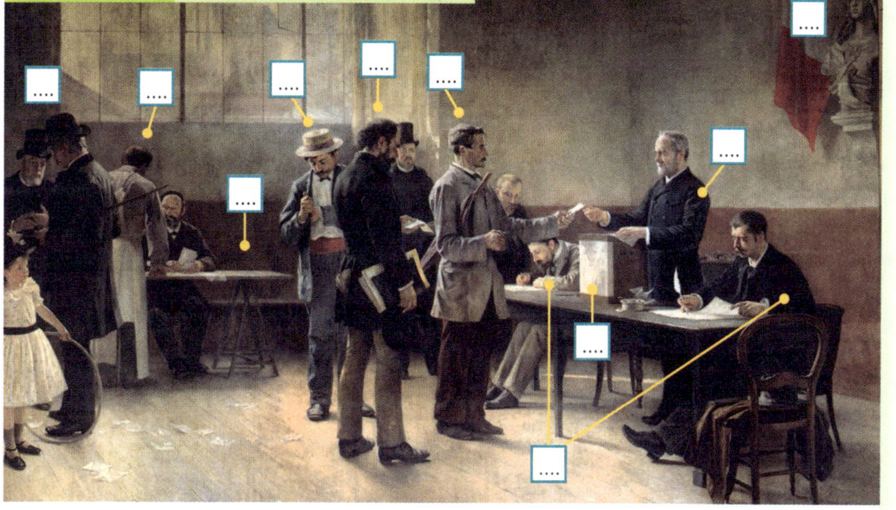

Huile sur toile d'Alfred Bramtot, *Suffrage universel*, Mairie des Lilas, 1891.

❶ Le président du bureau de vote ❷ Ses assesseurs ❸ L'urne ❹ Table où sont disposés les bulletins ❺ Un commerçant ❻ Des bourgeois ❼ Un paysan ❽ Un ouvrier ❾ Un employé ❿ Le buste de Marianne et le drapeau tricolore

Document 2 Garantir le secret du vote

Un bureau de vote après l'adoption de la loi du 29 juillet 1913 garantissant le vote secret.

4 D'après le document 2, quel nouvel élément est présent dans ce bureau de vote et dans quel but ?

....

5 Décrivez l'illustration en Une de ce journal (doc. 3).

....

....

6 Par cet acte, que revendiquent ces femmes ? Comment les appelle-t-on ?

....

Document 3 Une du *Petit Journal* (17 mai 1908)

Le Petit Journal

Le Petit Journal — Chaque jour 6 pages 5 centimes — Administration : 61, rue Lafayette — Les manuscrits ne sont pas rendus

5 centimes SUPPLÉMENT ILLUSTRÉ 5 centimes

Le Petit Journal agricole, 5 cent. ~ La Mode du Petit Journal, 10 cent.
Le Petit Journal illustré de la Jeunesse, 10 cent.
On s'abonne sans frais dans tous les bureaux de poste

ABONNEMENTS

	Six mois	Un an
Seine et Seine-et-Oise	2 fr.	3 fr. 50
Départements	2 fr.	4 fr. »
Étranger	2 50	5 fr. »

Dix-neuvième Année — DIMANCHE 17 MAI 1908 — Numéro 913

L'ACTION FEMINISTE
Les « suffragettes » envahissent une section de vote et s'emparent de l'urne électorale

En 1908, Hubertine Auclert, une « suffragette », brise une urne lors des élections municipales à Paris pour protester contre l'interdiction du vote des femmes.

Compétences

Analyser des documents → 1 3 4 5 6 Pratiquer différents langages → 2

Place et statut des femmes au XIXe siècle

? *Quel est le statut et la place des femmes dans la société ?*

Document 1 Le statut des femmes au XIXe siècle

« [...] Les droits de l'Homme, proclamés par les révolutions de la fin du XVIIIe siècle n'ont longtemps été que ceux des hommes. Partout les femmes ont été exclues de la citoyenneté en raison de leur sexe biologique. Le Code civil français de 1804, qui a inspiré les droits civils dans de nombreuses démocraties, rédigé sans que les femmes aient leur mot à dire, a ensuite fait de la femme mariée une "mineure civile" [...]. Cette inégalité des personnes en vertu du sexe déclaré à l'état civil, a été à l'origine de mouvements, qui à partir de la fin du XIXe siècle, ont été désignés sous le terme de "féministes". »

Françoise Gaspard, « Les enjeux internationaux de la parité », *Politique étrangère* n° 1, 2000.

Document 2 Victor Hugo, un auteur engagé auprès des femmes

« Monsieur,
Il est douloureux de le dire : dans la civilisation actuelle, il y a une esclave. La loi a des euphémismes : ce que j'appelle une esclave, elle l'appelle une mineure ; cette mineure selon la loi, cette esclave selon la réalité, c'est la femme. L'homme a chargé inégalement les deux plateaux du Code, dont l'équilibre importe à la conscience humaine ; l'homme a fait verser tous les droits de son côté et tous les devoirs du côté de la femme. De là un trouble profond. De là la servitude de la femme. Dans notre législation telle qu'elle est, la femme ne possède pas, elle n'est pas en justice, elle ne vote pas, elle ne compte pas, elle n'est pas. Il y a des citoyens, il n'y a pas de citoyennes. C'est là un état violent : il faut qu'il cesse [...].
Redoublons de persévérance et d'efforts. On en viendra, espérons-le, à comprendre qu'une société est mal faite quand l'enfant est laissé sans lumière, quand la femme est maintenue sans initiative, quand la servitude se déguise sous le nom de tutelle, quand la charge est d'autant plus lourde que l'épaule est plus faible : et l'on reconnaîtra que, même au point de vue de notre égoïsme, il est difficile de composer le bonheur de l'homme avec la souffrance de la femme. »

D'après Victor Hugo, lettre à M. Léon Richer, rédacteur en chef de *L'Avenir des femmes*, 8 juin 1872.

Document 3 Une classe d'école primaire publique (fin XIXe-début XXe)

Après les lois de Jules Ferry, l'enseignement primaire est organisé en écoles pour garçons et écoles pour filles. Sur la base de programmes officiels, des livres de lecture sont diffusés. Lire, écrire, compter sont les bases de cet enseignement élémentaire. La leçon de couture pour les filles à l'école primaire reste très importante. On souhaite former les filles pour en faire de futures ménagères et mères.

1 D'après le document 1, qu'est-ce qui n'est pas accordé aux femmes suite aux révolutions de la fin du XVIIIe siècle ?

....

....

2 Quel texte juridique maintient alors les femmes dans un statut inférieur à celui des hommes ?

....

3 Présentez le document 2.

....

....

....

4 Quel terme l'auteur emploie-t-il pour critiquer le statut juridique de la femme ?

....

5 Soulignez le passage du texte dans lequel l'auteur dénonce l'absence de droits des femmes.

6 Entourez la phrase dans laquelle Victor Hugo défend la nécessité d'une égalité de droits entre les femmes et les hommes.

7 Dans la légende du document 3, entourez le nom des lois qui permettent aux filles et garçons de bénéficier d'un enseignement primaire.

8 Décrivez la photographie. Quelle leçon suivent-elles et dans quel but ?

....

....

....

9 D'après les documents et vos réponses aux questions précédentes, décrivez le statut et la place des femmes dans la société du XIXe siècle.

....

....

....

....

Compétences

Analyser des documents → 1 2 3 4 5 6 7 8 Raisonner → 9

Femmes du peuple et de la bourgeoisie au XIXe siècle

Quelles sont les conditions de travail et de de vie des femmes au XIXe siècle ?

Document 1 La répartition de la main-d'œuvre féminine en 1866

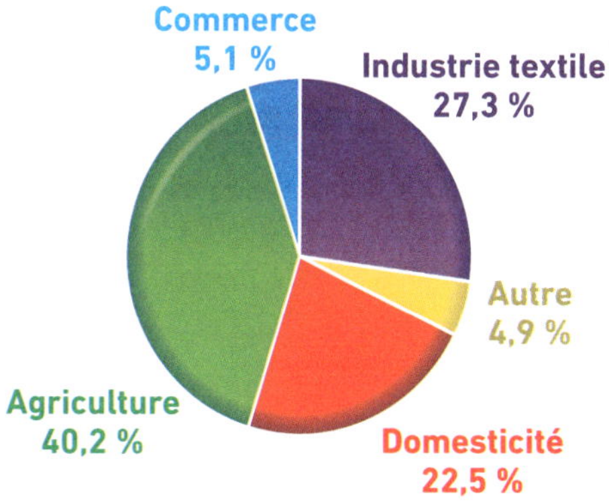

Source : L. A. Tilly et J. W. Scott, *Les Femmes, le travail et la famille*, Éditions Payot & Rivages, 1987.

Document 2 Les femmes au travail

Les femmes ont de tous temps travaillé mais, dans la seconde moitié du XIXe siècle, avec l'industrialisation, la condition des femmes au travail évolue progressivement.

Les nouvelles industries comme le textile, mais aussi les grands magasins naissant, ont besoin de main-d'œuvre et font massivement appel aux femmes qui accèdent à des emplois salariés.

Leurs conditions de travail sont difficiles. Ainsi, vers 1860, elles travaillent entre douze et dix-sept heures par jour. Le salaire des femmes est inférieur à celui des hommes occupant les mêmes fonctions et varie beaucoup selon les secteurs. Le salaire journalier d'une ouvrière en usine est deux fois plus important que celui d'une travailleuse à domicile, comme une couturière payée à la pièce par exemple. Enfin, ce n'est qu'à partir de 1907 que les femmes mariées peuvent disposer librement de leur salaire.

1 Présentez le document 1.

....

....

....

....

2 Quels sont les trois secteurs qui emploient le plus de main-d'œuvre féminine ?

....

....

3 D'après le document 2, qu'est-ce qui explique l'évolution de la condition des femmes au travail ?

....

....

4 Quelles activités font massivement appel à la main-d'œuvre féminine ?

....

....

....

5 Soulignez en rouge les passages montrant la difficulté des conditions de travail des femmes.

6 Soulignez en vert les inégalités dont sont victimes les femmes au travail.

7 Présentez et décrivez le document 3. Quelle image et quel rôle de la femme bourgeoise sont ici présentés ?

....

....

....

....

....

....

....

Document 3 Une famille bourgeoise au XIXe siècle

◄ Couverture de M. Perrot, *La Vie de famille au XIXe siècle* suivi de *Les Rites de la vie privée bourgeoise* par A. Martin-Fugier, © Éditions du Seuil, 2015.

Compétences

Analyser des documents → 1 2 3 4 5 6 Raisonner → 7

Le combat des femmes au XIXe siècle

De quels combats les femmes ont-elles été les actrices ?

Document Quelques dates et actrices importantes du combat des femmes

1789 Les femmes participent à la Révolution. L'écrivaine Olympe de Gouges rédige la Déclaration des droits de la Femme et de la Citoyenne rejetée par l'Assemblée. Elle est guillotinée en 1793.

Olympe de Gouges

1830 Les femmes participent à la révolution de Juillet (les Trois Glorieuses).

1832 Fondation du premier journal féministe, *La Femme libre*.

Jeanne Decroin

1848 Les femmes participent à la révolution de Février. Jeanne Decroin tente de se présenter aux élections et créé avec d'autres femmes deux journaux féministes, *La Voix des Femmes*, puis *L'Opinion des Femmes*.

1851 Rejet du premier projet de loi proposant le droit de vote des femmes aux élections municipales.

Julie Daublé

1861 Julie Daublé est la première bachelière française.

1862 Élisa Lemonnier crée l'enseignement professionnel féminin, public et laïque.

Maria Deraismes

1869 Maria Deraismes, avec Paule Minck, Louise Michel et Léon Richer, fondent la Société pour la revendication des droits civils des femmes.

1871 Les femmes participent à la Commune de Paris.

1874 Joséphine Andrée fonde le Syndicat féminin de la couture, premier syndicat féminin.

1875 La Constitution de la IIIe République confirme la privation de droits politiques pour les femmes.

Hubertine Auclert

1876 Hubertine Auclert fonde le Droit des femmes, groupe suffragiste qui réclame le droit de vote.

1880 La Sorbonne s'ouvre aux filles. La loi Sée institut un enseignement secondaire féminin d'État.

1881 Hubertine Auclert lance le journal *La Citoyenne*. Blanche Edwards est reçue au concours de l'externat en médecine. Des étudiants brûlent son effigie boulevard Saint-Michel.

Clémence Royer

1884 Le divorce est rétabli. Clémence Royer, femme de sciences, donne des cours à la Sorbonne.

1891 Maria Martin crée le *Journal des femmes* et Marguerite Durand fonde le quotidien *La Fronde*.

1897 Les femmes peuvent témoigner dans les actes d'état civil et notariés.

1900 Les femmes peuvent plaider comme avocates.

Je définis

Le **féminisme**, terme employé à partir de la fin du XIXe siècle, désigne l'ensemble de mouvements et des idées dont le but est d'atteindre l'égalité entre les femmes et les hommes dans tous les domaines.

1 À l'aide de la chronologie, retrouvez les quatre grands événements politiques auxquels les femmes ont participé :

- ....
- ....
- ....
- ....

2 Soulignez le texte rédigé par Olympe de Gouges. Qu'est-il advenu de ce texte ?

....

3 Entourez en rouge les noms de médias fondés par les femmes afin d'exposer leurs revendications.

4 À l'aide de la chronologie, complétez le tableau suivant sur le combat des femmes pour leurs droits.

	Le combat des femmes pour leurs droits dans les domaines...			
	... syndical	... politique	... civil	... de l'enseignement
Noms de femmes et exemples d'actions	....	....	....	....

5 Dans l'encadré « Je définis », soulignez le nom donné à ce combat à partir de la fin du XIXe siècle.

6 Montrez que, malgré leur participation à tous les combats politiques du XIXe siècle, les femmes ont encore dû lutter pour obtenir l'égalité des droits avec les hommes. ▶

....
....
....
....

Compétences

Analyser des documents → 1 2 3 | Pratiquer différents langages → 4 | Raisonner → 6 | Vocabulaire → 5

Se repérer dans le temps

Fiche Repères

Connaître les grands repères chronologiques du programme

Sur les frises, placez les grands repères du programme d'histoire suivants :

Essor de la traite • Parution de l'*Encyclopédie* • Apogée de la traite • Début de la Révolution française • Napoléon Bonaparte au pouvoir • Débuts de la révolution industrielle en Angleterre • Le « Printemps des peuples » / Seconde abolition de l'esclavage en France • Début de la « seconde révolution industrielle » • « Seconde mondialisation » et relance de la colonisation • Exposition universelle de Paris • Adoption du suffrage universel • Proclamation de la IIIe République • Jules Ferry et l'école gratuite, laïque et obligatoire • Affaire Dreyfus • Séparation des Églises et de l'État

THÈME 1 : LE XVIIIe SIÈCLE. EXPANSIONS, LUMIÈRES ET RÉVOLUTIONS

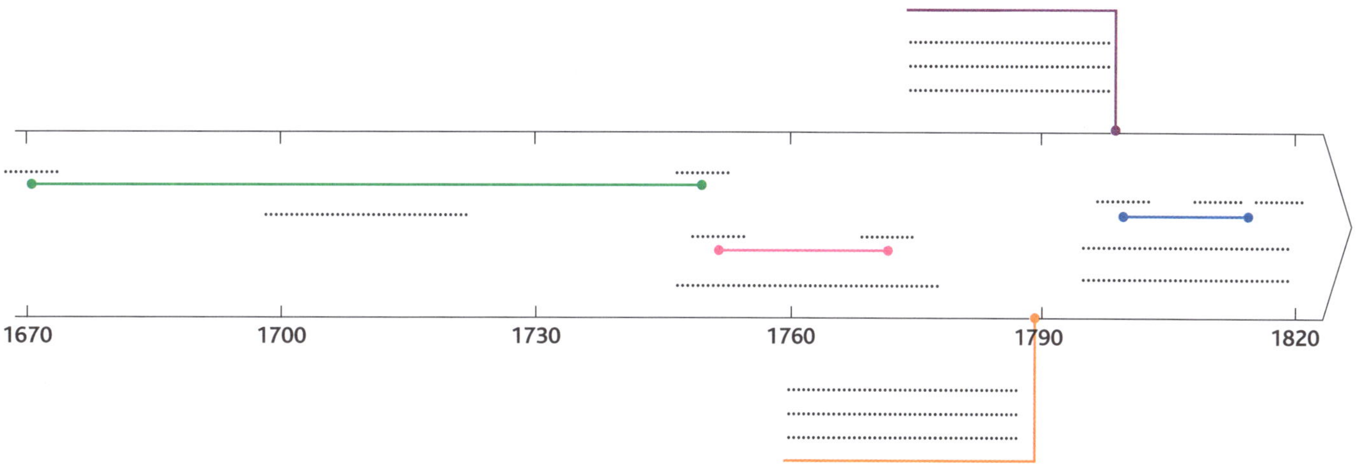

THÈME 2 : L'EUROPE ET LE MONDE AU XIXe SIÈCLE

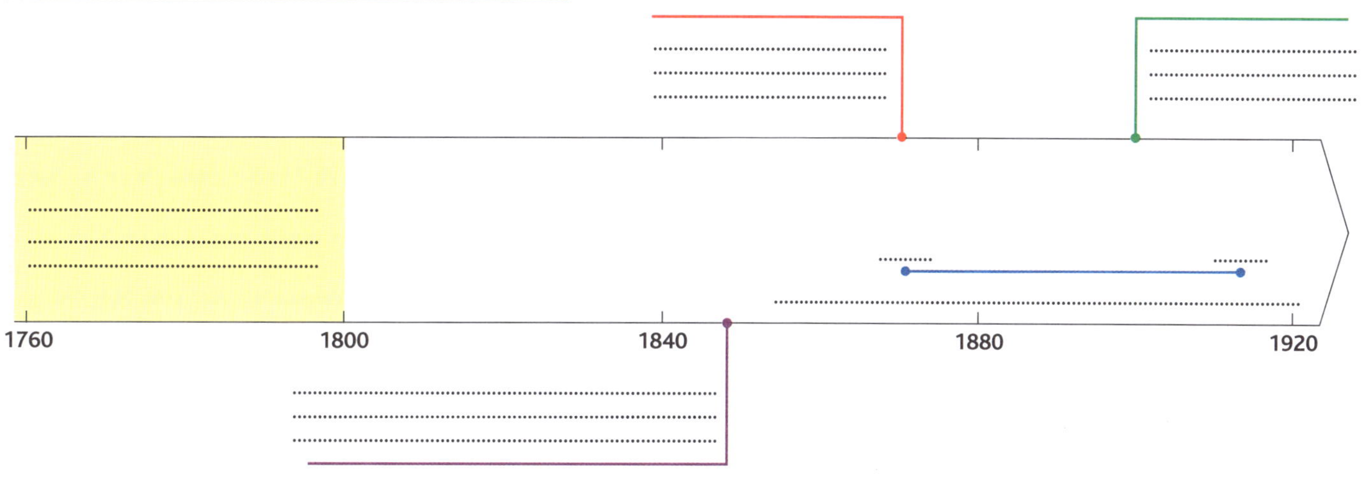

THÈME 3 : SOCIÉTÉ, CULTURE ET POLITIQUE DANS LA FRANCE DU XIXe SIÈCLE

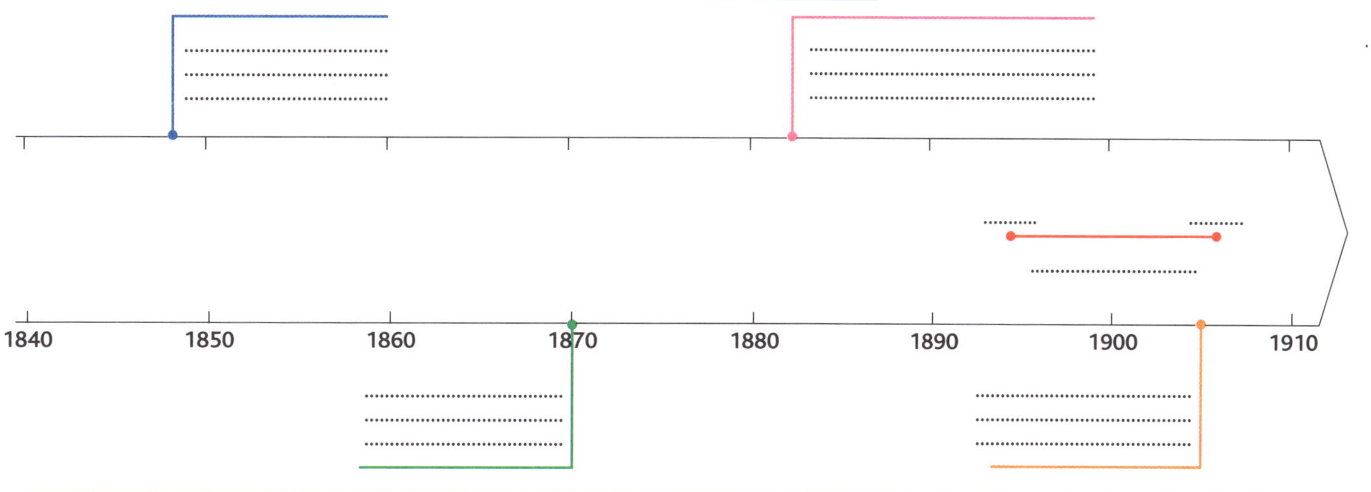

Londres, une ville mondiale (1)

? *Comment se manifeste l'intégration de Londres dans la mondialisation ?*

Document 1 Londres, une métropole mondiale

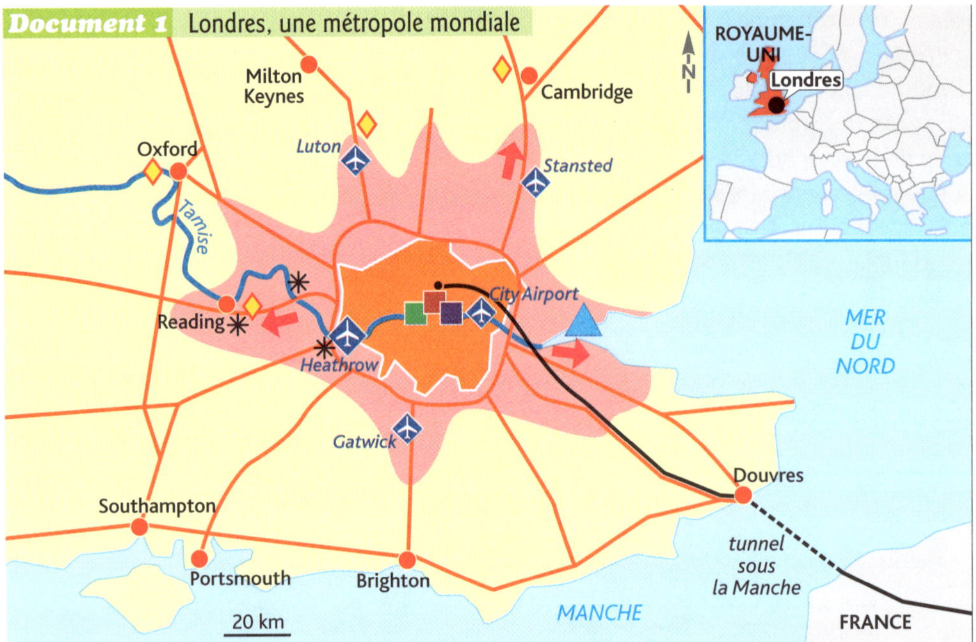

1. Une métropole en croissance
- centre (Grand Londres)
- étalement urbain
- périphérie du Grand Londres
- ville

2. Un centre de commandement
- fonctions politiques (gouvernement, Parlement...)
- fonctions culturelles et touristiques (musées, monuments, commerces...)
- fonctions économiques (sièges sociaux, banques, bourse...)
- technopôles (centres de recherche)
- universités et grandes écoles

3. Une ville connectée au monde
- ligne à grande vitesse
- autoroutes
- aéroports internationaux
- zone industrialo-portuaire

La métropole de Londres compte 14,2 millions d'habitants, soit 22 % de la population du Royaume-Uni. Elle gagne près de 100 000 habitants par an. Elle représente plus de 20 % du PIB du Royaume-Uni. La City de Londres est l'un des principaux quartiers d'affaires d'Europe et du monde. On y trouve la Bourse et de nombreux sièges d'entreprises internationales.

Document 2 Vue aérienne du centre de Londres

❶ Centre des affaires de la City ❷ London Tower Bridge ❸ Centre des affaires de Canary Wharf, construit sur d'anciens docks ❹ Tate Modern Museum ❺ Cathédrale Saint-Paul ❻ Nouveau quartier d'affaires, London Bridge Quarter ❼ Tamise ❽ Gratte-ciel : Shard Tower ❾ Gratte-ciel : Gerkhin Tower ❿ Gare de London Bridge

1 D'après le document 1, de quel pays Londres est-elle la capitale ?

....

2 Entourez en légende les informations montrant le poids de Londres dans ce pays et sa croissance.

3 Pourquoi peut-on affirmer que Londres est une métropole mondiale ?

....

....

....

4 Où les fonctions politiques, économiques, culturelles et touristiques se concentrent-elles ?

....

5 Sur le document 2, coloriez en vert les cases des quartiers concentrant les fonctions économiques.

6 Quel type de bâtiment distingue ces quartiers ?

....

7 Coloriez en rouge les cases des lieux attirant les touristes étrangers.

8 À partir des deux documents, montrez que Londres est une métropole mondiale attractive.

....

....

....

Compétences

Analyser un document → 2 3 4 6
Pratiquer différents langages → 5 7
Se repérer dans l'espace → 1 4
Raisonner → 8

Londres, une ville mondiale qui se transforme (2)

❓ *Comment se manifeste ces transformations ?*

Je situe

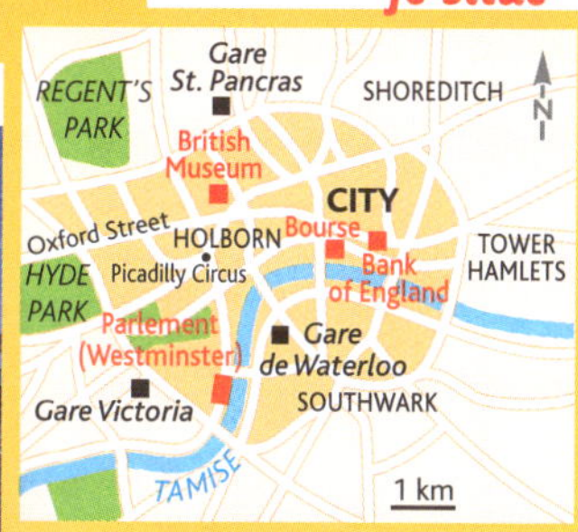

Document 1 Picadilly Circus, un quartier du centre de Londres

1 Présentez le document 1.

2 Dans les cases, écrivez les numéros des éléments suivants : ❶ Transports en commun ❷ Patrimoine architectural ❸ Commerces ❹ Panneaux publicitaires

3 Enquête Web

À l'aide d'un moteur de recherche, relevez ce qui fait l'attractivité de ce quartier.

4 D'après le document 2A, où se situe le quartier de Tower Hamlets et à proximité de quel centre financier ?

5 Soulignez les informations qui montrent la pauvreté des habitants de Tower Hamlets.

6 Comment les inégalités de richesse se manifestent-elles à l'intérieur d'un même immeuble ?

7 D'après le document 2B, dans quel quartier de Londres se situe le Cereal Killer Cafe ?

Document 2 Riches et pauvres à Londres

A. « [...] À Tower Hamlets, quartier de l'Est londonien, [...] près d'un ménage sur deux vit sous le seuil de pauvreté. Le taux de chômage [...] y est l'un des plus élevés de la ville. Tower Hamlets est aussi voisin de la City de Londres, le premier centre financier européen. Au croisement de ces deux quartiers, [...] des inégalités sont même visibles au sein de certains immeubles. Ainsi un immeuble luxueux abritant une part de logements à coût modéré comprend une entrée principale, réservée aux propriétaires les plus aisés, et une deuxième entrée, sur le côté de l'immeuble, pour les résidents les plus modestes. »

www.francetvinfo.fr, 17 octobre 2016.

B. « Le "Cereal Killer Cafe", dans le quartier de Shoreditch (au nord de la City) a été pris pour cible, attaqué à coup de jets de peinture rouge et de graffitis, lors d'une manifestation contre la gentrification[1] dont il est l'un des symboles. Paul Watt, professeur à l'université de Birkbeck, pointe le fait que les logements sociaux sont remplacés par des appartements luxueux et les petits magasins de quartiers par des grandes chaînes. "Cela devient tout simplement inabordable pour les gens ordinaires, qui sont poussés hors de la ville", explique-t-il. [...] Des dizaines de groupes se sont formés pour protester contre la hausse des prix à Londres et défendre le droit à un logement abordable. »

D'après www.ladepeche.fr, 16 octobre 2015.

1. Installation de populations aisées dans des quartiers rénovés, souvent centraux, au détriment des populations modestes.

8 Soulignez en bleu les transformations que connaît ce quartier. Entourez le nom donné à ce type de transformation.

9 Soulignez en vert les conséquences pour les habitants aux revenus modestes et leur réaction.

Compétences

Analyser un document → 1 5 6 8 9
Pratiquer différents langages → 2
Se repérer dans l'espace → 4 7
S'informer dans le monde du numérique → 3
Vocabulaire → 8

Detroit, une ville en crise (1)

Fiche 37

Je situe

? Comment se manifestent et s'expliquent les difficultés de Detroit ?

Document 1 Vue du centre-ville de Detroit, ancienne capitale de l'automobile américaine

❶ Ville de Windsor au Canada ❷ Detroit River ❸ Renaissance Center, sept gratte-ciel construits à la place d'une usine par General Motors ❹ Riverfront Apartments, résidence de luxe construite sur une ancienne zone industrielle ❺ Hôtel-casino MGM Grand Detroit ❻ Stade Ford Field ❼ Autoroute urbaine ❽ Friche résidentielle ❾ Friche industrielle ❿ Hôtels abandonnés

1 D'après le document 1, situez Detroit aux États-Unis à l'aide des points cardinaux.

....

2 Quel type de bâtiments se concentre au bord de la rivière ?

....

....

3 Dans la légende, soulignez le nom de ce quartier.

4 Repassez en rouge l'autoroute urbaine marquant la limite entre ce quartier et les zones de friches.

5 Coloriez en rouge les cases des éléments montrant le déclin de Detroit.

6 Sur quelle activité économique a reposé la prospérité de Detroit ?

....

....

Document 2 Detroit, une ville en faillite

« "Motor City", comme Detroit est surnommée, doit en grande partie son succès à la "Big Three", les trois grandes marques de l'industrie automobile américaine – Ford, Chrysler et General Motors – et ses gigantesques usines de production d'après-guerre. [...] La concurrence [...] des véhicules japonais dans les années 1980 marque le début d'une longue descente aux enfers pour Detroit, accentuée par les erreurs de gestion de la municipalité ainsi que par les effets de la crise financière de 2008.

[...] Les répercussions sont catastrophiques avec une population en baisse qui est passée de 1,8 million à 750 000 habitants en moins de 60 ans. Plusieurs poches vides de population se sont ainsi créées en périphérie de la ville, et plus de 80 000 maisons ont été laissées vacantes. Le chômage a explosé et 36 % de la population vit en dessous du seuil de pauvreté. Par ailleurs, la criminalité est parmi les plus élevées des États-Unis. »

D'après Hugo Lauzy, « Detroit, du chaos au renouveau », *Le Journal international*, 3 mai 2015.

7 À l'aide des expressions soulignées dans le texte (doc. 2), complétez l'organigramme suivant.

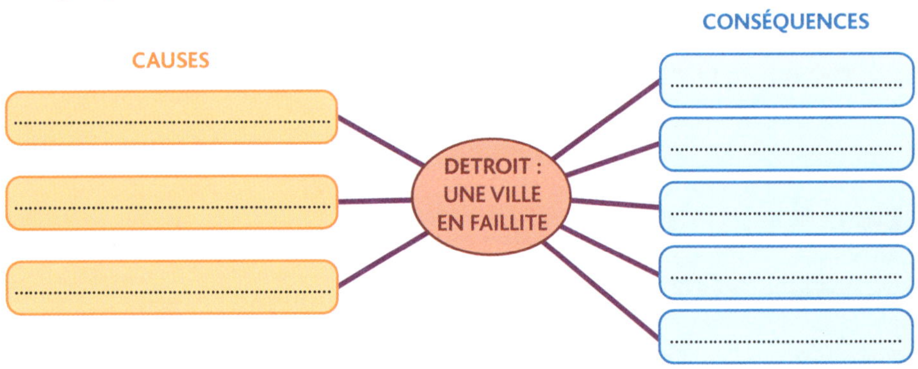

Compétences

Analyser un document → 2 3 6 | Se repérer dans l'espace → 1 | Pratiquer différents langages → 4 5 7

Detroit, une ville en reconversion (2)

? *Quels sont les atouts de Detroit pour sortir de la crise ?*

Document 1 Detroit, reconversion d'une ville en crise

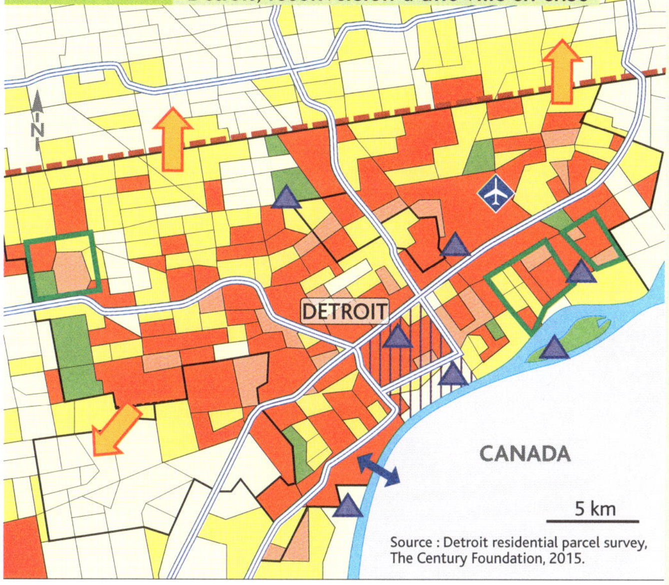

Source : Detroit residential parcel survey, The Century Foundation, 2015.

Une ville en crise
- quartiers pauvres
- quartiers aisés
- départ des populations aisées vers la périphérie
- limite entre quartiers à majorité noire au sud et quartiers à majorité blanche au nord

Les atouts d'un renouveau
- CBD (*Downtown*)
- autoroutes
- pont
- aéroport international
- axe fluvial international
- espaces verts
- projets de fermes urbaines
- sites touristiques (musées, stades, casinos…)

Document 2 Vers un renouveau de Detroit ?

A. « L'ex-capitale de l'automobile tente aujourd'hui de prouver son ingéniosité pour se réinventer […]. La campagne de marketing […] lancée sous le slogan "*Made In Detroit*" […] incite à l'arrivée de nouveaux entrepreneurs […]. Les jeunes start-up[1] issues le plus souvent des nouvelles technologies se ruent sur l'occasion […] dans le but de […] "créer une deuxième Silicon Valley"[2]. »

D'après Hugo Lauzy, « Detroit, du chaos au renouveau », *Le Journal international*, mai 2015.

1. Jeune entreprise innovante.
2. Premier pôle technologique au monde, situé en Californie aux États-Unis.

B. « En foulant les grandes avenues du centre-ville, c'est un autre Detroit que l'on découvre : aux pieds des buildings, les éclairages publics sont tous opérationnels, tandis que de nouveaux commerces sortent de terre chaque semaine. Un coffee shop branché, des épiceries et des galeries d'art, des bureaux partagés pour des start-up, des grandes enseignes reviennent peu à peu. Depuis la sortie de faillite, en décembre 2014, […] "le centre-ville est incontestablement en plein boom […]. On note l'arrivée d'une population avec des revenus bien plus élevés, mais seulement à certains endroits". […] L'explosion du centre masque un peu le reste de la ville. Les quartiers d'habitation passent encore au deuxième plan, alors que c'est encore la pauvreté qui domine. La colère de certains habitants de Detroit semble légitime : "La mairie fait ce qu'elle peut, mais injecte pour l'instant beaucoup d'argent dans le centre et moins dans les autres quartiers." »

D'après Brice Bossavie, www.lesinrocks.com, 17 janvier 2016.

1 D'après le document 1, quelles populations ont quitté le centre-ville de Detroit en raison de son déclin ?

……………………………………………………………………………………

……………………………………………………………………………………

2 Complétez le tableau suivant sur les inégalités socio-spatiales à Detroit.

	Catégorie sociale	Origine ethnique
Centre-ville	…………………… ……………………	…………………… ……………………
Périphérie	…………………… ……………………	…………………… ……………………

3 Comment Detroit demeure-t-elle en contact avec le reste du monde ?

……………………………………………………………………………………

……………………………………………………………………………………

4 D'après le document 2A, par quel moyen Detroit veut-elle améliorer son image ?

……………………………………………………………………………………

……………………………………………………………………………………

5 À partir des documents 1 et 2, retrouvez sur quelles activités économiques et culturelles la ville de Detroit fonde son renouveau.

……………………………………………………………………………………

……………………………………………………………………………………

……………………………………………………………………………………

6 Dans le document 2B, soulignez le passage montrant une gentrification du centre-ville.

7 Pourquoi ce renouveau est-il loin de satisfaire toute la population de Detroit ?

……………………………………………………………………………………

……………………………………………………………………………………

Compétences

Analyser un document → 1 3 4 5 6 7

Pratiquer différents langages → 2

Londres et Detroit, deux villes dans la mondialisation

Comment schématiser l'inégal dynamisme de ces deux villes ?

TITRE : ....

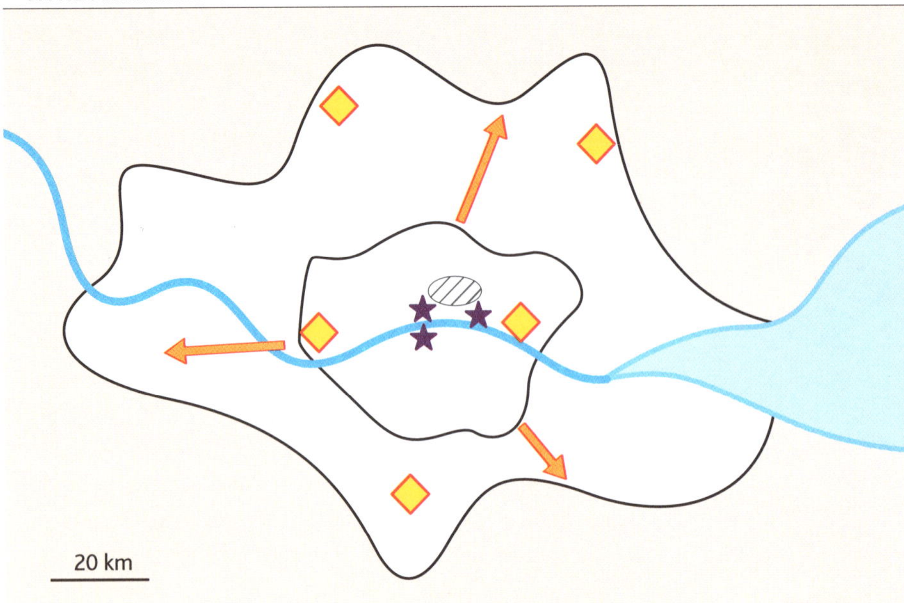

1. Une aire métropolitaine
- centre
- ....
- population pauvre majoritaire

2. Une ville connectée à la mondialisation
- ....
- ....
- ....

3. Une ville dynamique
- ....

TITRE : ....

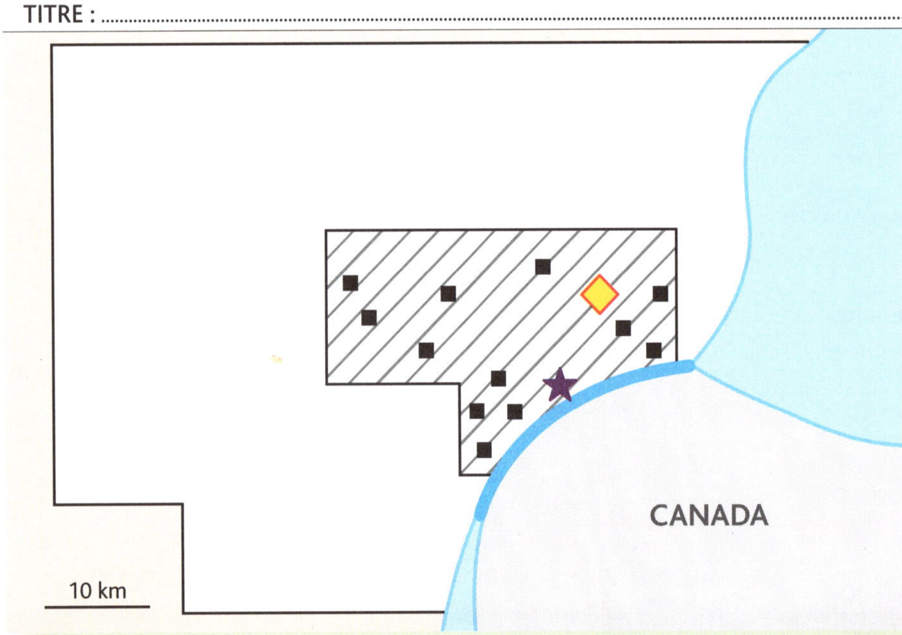

1. Une aire métropolitaine
- centre
- périphérie
- population pauvre majoritaire

2. Une ville connectée à la mondialisation
- CBD (quartier des affaires)
- aéroport international
- ....

3. Une ville en crise
- ....

1 Complétez le tableau suivant en indiquant, pour chaque colonne, le type de figurés représentés : ponctuels • linéaires • de surface

FIGURÉS	FIGURÉS	FIGURÉS ....
CBD (quartier des affaires)	centre	étalement urbain
aéroport international	périphérie	cours d'eau
bâtiment abandonné		

2 Complétez la légende des deux schémas ci-dessus avec les expressions suivantes : Cours d'eau *(× 2)* • Périphérie • Aéroport international • CBD (quartier des affaires) • Étalement urbain • Bâtiment abandonné

3 À l'aide du tableau des figurés ci-contre, terminez de compléter les deux légendes, puis coloriez le centre et la périphérie dans chacun des schémas.

4 Donnez un titre à chaque schéma.

Compétences

Pratiquer différents langages → 1 2 3 4

Se repérer dans l'espace → 2 3

L'urbanisation dans le monde

❓ *Comment se manifeste l'inégale urbanisation dans le monde ?*

1 D'après le document 1, comment a évolué le nombre d'urbains dans le monde de 1950 à 2010 ? Justifiez votre réponse.

....

....

2 D'après les projections, combien devrait-il y avoir d'urbains en 2030 ?

....

3 Entourez l'année où la population urbaine est devenue majoritaire dans la population mondiale.

4 Dans quelle catégorie de pays l'augmentation de la population urbaine est-elle la plus forte ? Justifiez votre réponse.

....

....

Document 1 La population urbaine dans le monde (1950-2030)

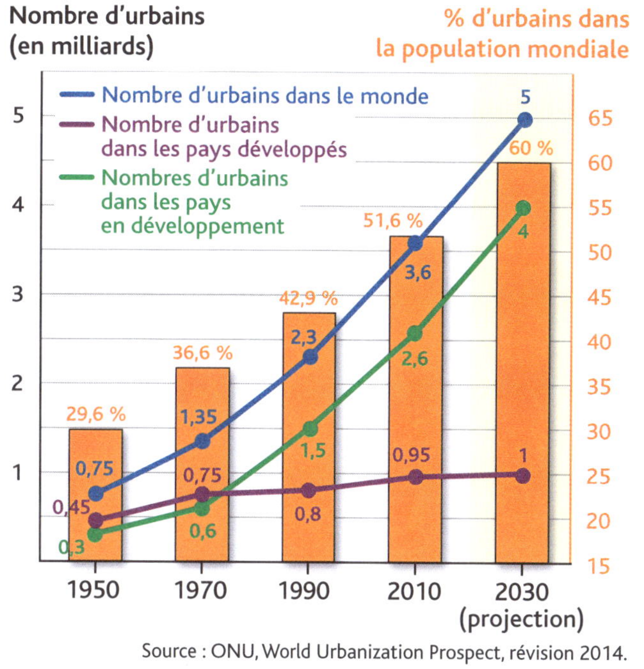

Source : ONU, World Urbanization Prospect, révision 2014.

Document 2 L'urbanisation dans le monde

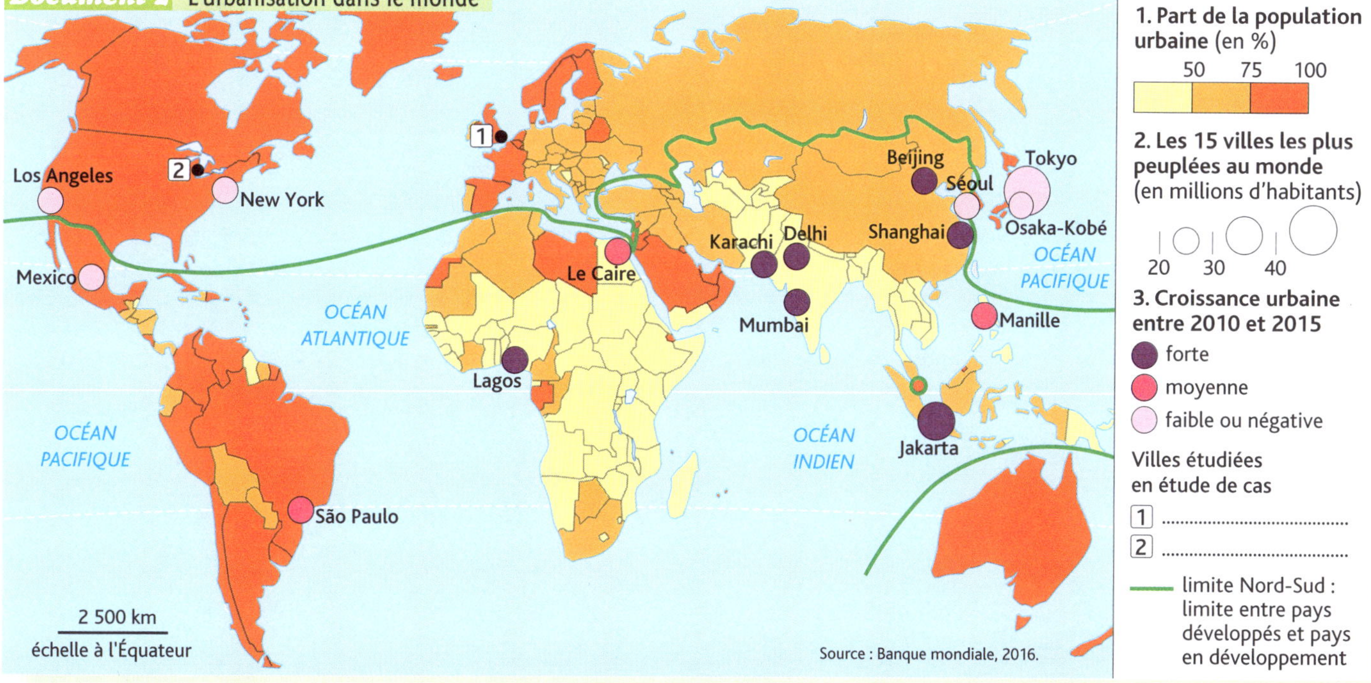

5 Dans la légende de la carte (doc. 2), écrivez le nom des deux villes abordées dans les fiches 35 à 39.

6 Quels sont les continents :

- les plus urbanisés ? ....
- les moins urbanisés ? ....

7 Entourez le nom des deux villes les plus peuplées.

8 Dans quelle catégorie de pays la population des villes augmente-t-elle :

- le plus fortement ? ....
- faiblement ? ....

Compétences

Analyser un document → 1 2 4 8 | Se repérer dans l'espace → 5 6 | Pratiquer différents langages → 3 5 7

Les villes dans la mondialisation

Que forment les villes mondiales et quels sont leurs liens ?

1 Dans le document 1, soulignez les pouvoirs qui se concentrent dans les villes mondiales.

Document 1 Qu'est-ce qu'une ville mondiale ?

« Certaines villes mondiales, notamment New York, Londres, Tokyo, Paris, sont des villes de commandement exceptionnel à l'échelle planétaire et des interfaces[1] majeures de l'économie. Nœuds stratégiques de la mondialisation, elles accueillent les principaux lieux de pouvoir politique, économique et financier, culturel et de l'innovation. En outre, d'autres villes mondiales apparaissent notamment [dans les pays émergents[2]] ; elles jouent un rôle grandissant dans la mondialisation. »

Annette Ciatonni et Yvette Veyret (dir.), *Géographie et géopolitique de la mondialisation*, Éditions Hatier, 2011.

1. Zone de contact entre deux espaces différents. 2. Pays en développement qui connaît une forte croissance économique.

Document 2 L'archipel métropolitain mondial

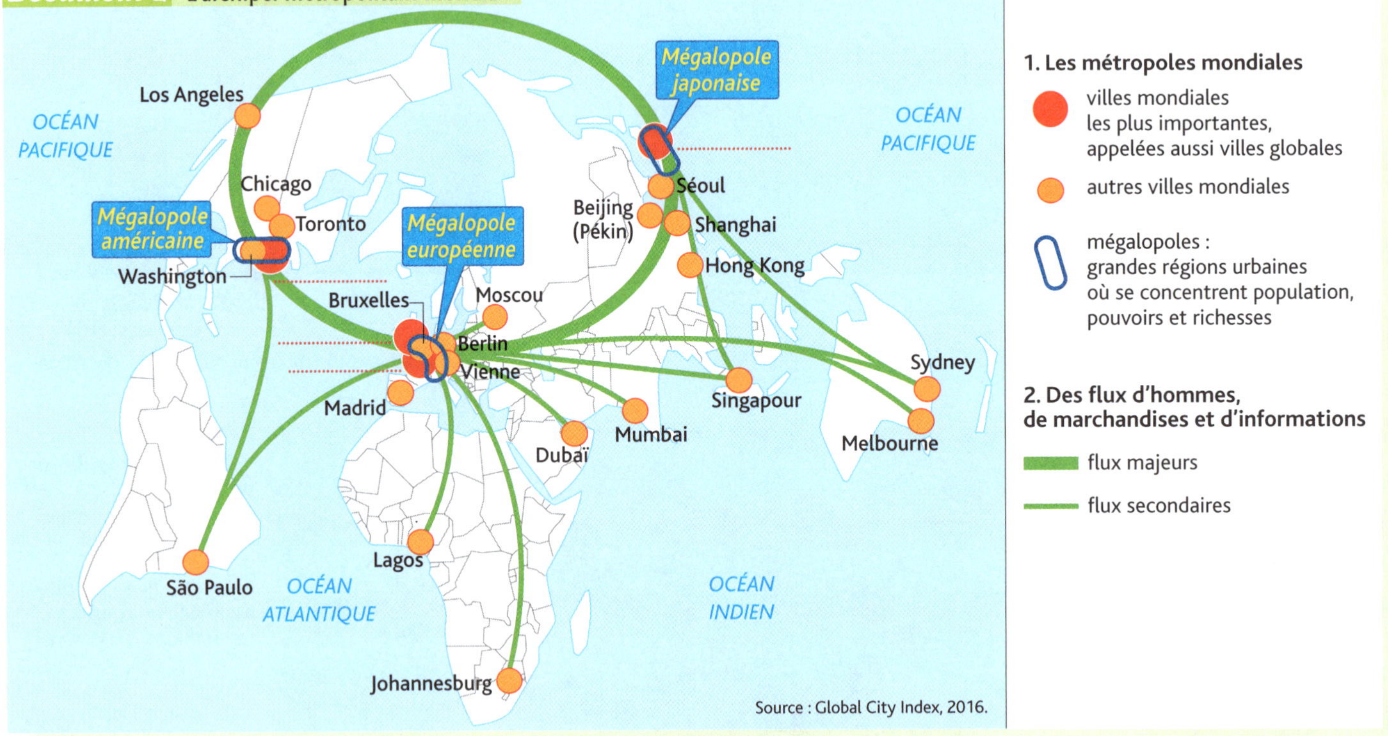

2 Sur la carte, écrivez le nom des quatre principales villes mondiales.

3 À quelle échelle ces quatre villes exercent-elles leur influence ?

....

4 Dans quelle catégorie de pays se situent les villes mondiales les plus importantes ?

....

....

5 Dans quelle catégorie de pays se développent de nouvelles villes mondiales ?

....

....

6 Dans la légende, entourez le nom donné aux grandes régions urbaines concentrant hommes, pouvoirs et richesses.

7 Qu'est-ce qui relie ces villes mondiales entre elles ?

....

....

....

....

....

8 Quel nom donne-t-on à ce réseau de villes mondiales ?

....

Compétences

Analyser un document → 1 3 4 5 6 7 | Se repérer dans l'espace → 2 | Pratiquer différents langages → 2 6

La migration d'Afghans vers l'Europe (1)

? *Comment et pourquoi des Afghans émigrent-ils vers l'Europe ?*

Je définis

Une **migration** est le déplacement d'une ou plusieurs personnes d'un pays vers un autre pour s'y installer.

Document 1 L'émigration de cinq Afghans vers la France

Il a fallu 117 jours à ces cinq émigrés pour parcourir les 5 600 km qui séparent Kaboul de Paris. Ce voyage leur a coûté 4 000 dollars par personne, notamment pour payer les passeurs qui leur ont permis de franchir illégalement les frontières. Durant cette migration, ils ont été exposés à de nombreux dangers : violences, naufrages, arrestations...

Document 2 Les causes de l'émigration afghane

L'Afghanistan, pays en guerre depuis 1979, est actuellement l'un des États les plus dangereux et les plus pauvres du monde. 6 millions d'Afghans ont ainsi fui leur pays.

« En 2015, en Europe, 213 000 Afghans sont arrivés, soit dix fois plus qu'en 2014. Plusieurs facteurs expliquent cet exode. Parmi les migrants, on trouve de nombreux jeunes qui n'ont pas de terre, pas d'argent. N'ayant plus rien à perdre, ils tentent leur chance en Europe.

Depuis 2014, la situation s'est dégradée. L'économie s'est effondrée avec le départ des forces militaires qui combattaient les Talibans[1]. Par ailleurs, les combats entre les Talibans et le gouvernement ont accentué l'insécurité. La violence omniprésente dans le pays explique de nombreux départs. »

D'après Cathy Macherel, *Tribune de Genève*, 14 octobre 2016.

1. Organisation islamiste.

1 En légende du document 1, entourez combien de jours et de dollars il a fallu à ces Afghans pour parcourir les 5 600 km entre Kaboul et Paris.

2 Combien de pays ont-ils traversé et combien de moyens de transport ont-ils utilisés ?

....

3 Quelles informations montrent que cette émigration est illégale ?

....

....

4 À quels dangers ces migrants ont-ils été confrontés ?

....

5 Dans le document 2, entourez le nombre d'Afghans qui ont quitté leur pays depuis 1979.

6 Quelle information montre que l'Europe les attire de plus en plus ?

....

....

7 Soulignez les causes de cette émigration : en bleu les raisons économiques, en rouge les raisons politiques.

Compétences

Analyser un document → 1 2 3 4 5 6 7

Se repérer dans l'espace → 2

La migration d'Afghans vers l'Europe (2)

? Quelles sont les conséquences de cette migration ?

Je situe

Document 1 La « jungle », un camp de migrants à Calais

Sur la banderole : « La jungle est notre maison. S'il vous plaît, ne la détruisez pas, sinon dites-nous où aller. » Avant que ce camp ne soit démantelé à l'automne 2016, jusqu'à 10 000 migrants – dont 33 % d'Afghans – se sont concentrés dans la « jungle » de Calais avec l'espoir de passer clandestinement au Royaume-Uni, qui bloque leur entrée sur le sol britannique.

1 Quels sont la nature et le thème du document 1 ?

....

....

2 Entourez le nombre de migrants et le pourcentage d'Afghans présents dans la « jungle » de Calais jusqu'en 2016.

3 Pourquoi un grand nombre de migrants se sont-ils concentrés dans ce camp et pourquoi y restent-ils bloqués ?

....

....

....

4 Quelles informations montrent que les conditions de vie y sont difficiles ?

....

....

5 Face à cette situation, quelle a été la décision des autorités françaises ?

....

6 D'après le document 2, comment nomme-t-on l'ensemble des émigrés afghans dispersés dans le monde ? Combien sont-ils ?

....

Document 2 Le rôle de la diaspora[1] afghane

« La situation actuelle rend le rapatriement impossible mais [...] la diaspora participe toutefois à des mesures qui témoignent d'un engagement [...] en faveur [...] de la sécurité et de la prospérité de l'Afghanistan. Par exemple, notre famille voyage toutes les années en Afghanistan [...]. Pour mon père, Mir Ahmad Akseer Shinwari, médecin, [...] la priorité est de préserver la santé [...] des habitants de notre village [...], en offrant des consultations médicales gratuites dans une petite clinique qu'il a construite [...].
Il est difficile d'évaluer exactement le montant des transferts d'argent [...] mais, selon les estimations de la Banque mondiale, les sommes envoyées depuis l'étranger sont un appui pour 15 % des Afghans et [...] représentaient 29,6 % du PIB total du pays. L'importance économique et politique de la diaspora dépasse son importance numérique [2,5 millions d'Afghans vivent à l'étranger]. Elle investit en Afghanistan et elle a fortement influencé la vie politique du pays. »

D'après le témoignage de Tabasum Akseer, Revue *Migrations forcées* n° 46, mai 2014, www.fmreview.org/fr/afghanistan.

1. Ensemble des membres d'un peuple dispersés à travers le monde, mais restant en relation avec le pays d'origine.

7 D'après le témoignage de Tabasum Askeer, comment sa famille aide-t-elle son village natal ?

....

....

....

....

8 Soulignez le passage du texte montrant que cette famille n'envisage pas un retour définitif en Afghanistan.

9 Quelles informations montrent que les transferts d'argent des émigrés afghans vers l'Afghanistan sont importants ?

....

....

....

....

Compétences

Analyser un document → 1 2 3 4 5 6 7 8 9

Vocabulaire → 6

Les migrations dans le monde (1)

Quels sont les principaux flux migratoires dans le monde ?

Document 1 Les migrations internationales en 2016

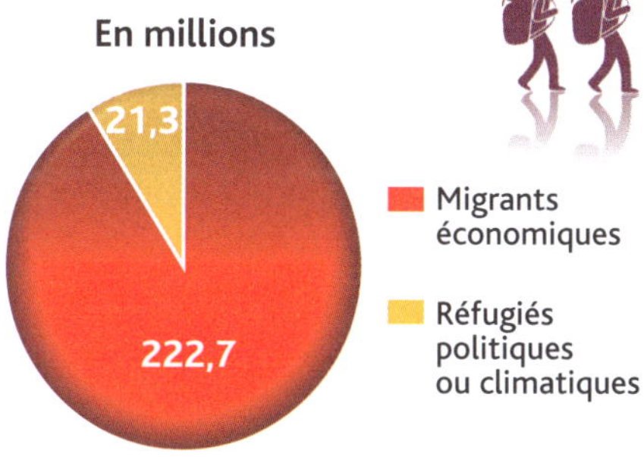

En 2016, le nombre total de migrants dans le monde s'élevait à 244 millions de personnes, soit une augmentation de 41 % depuis 2000.

Sources : ONU, UNHCR, 2016.

Document 2 Les migrations dans le monde

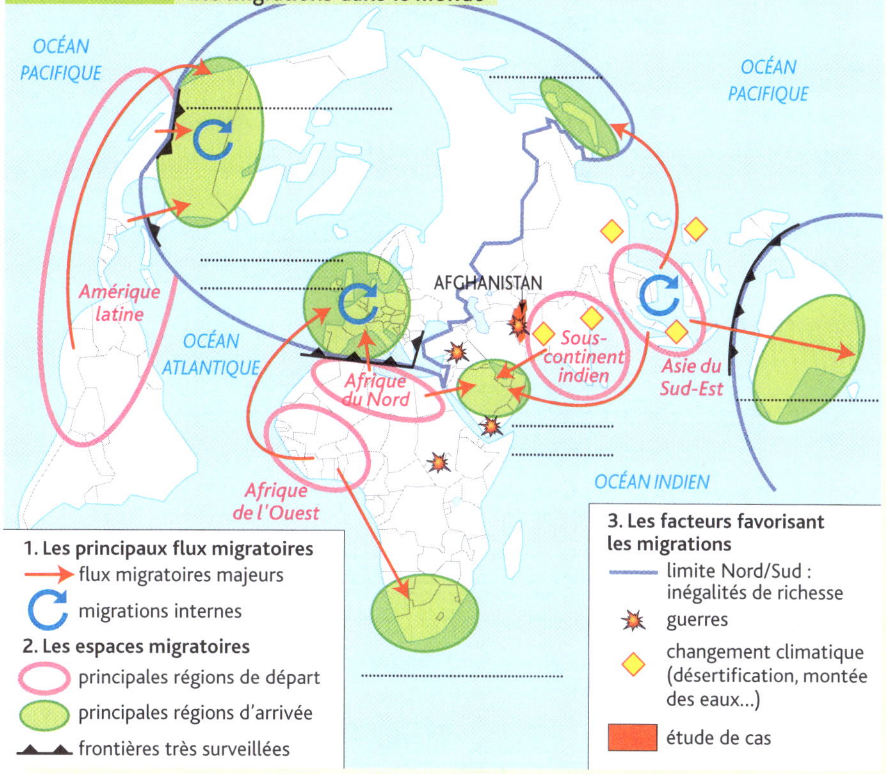

1 Sur le document 1, entourez le nombre de migrants internationaux en 2016 et le pourcentage de leur évolution.

2 Sachant que la population mondiale s'élève à 7,3 milliards d'habitants, quel pourcentage de la population mondiale le nombre total de migrants représente-t-il ?

....

3 En légende, soulignez les trois principales causes de ces migrations.

4 Quelle catégorie de migrants est la plus nombreuse ? Combien sont-ils ?

....

....

5 Sur le document 2, écrivez le nom des principales régions d'arrivée de migrants à l'aide de la liste suivante : Australie • Amérique du Nord • Japon • Europe occidentale • Afrique australe • golfe Persique

6 À quelle catégorie d'États la majorité des régions d'accueil appartiennent-elles ?

....

....

7 Quelles sont les deux régions d'accueil qui n'appartiennent pas à cette catégorie ?

....

....

8 De quelle catégorie d'États les migrants sont-ils originaires ? Pourquoi ?

....

....

9 Que font les pays d'accueil pour contrôler l'immigration ?

....

....

10 Soulignez dans la légende les phénomènes climatiques à l'origine de migrations.

11 Quel effet les guerres ont-elles sur les migrations ?

....

Compétences

Analyser un document → 2 4 6 7 8 9
Pratiquer différents langages → 1 3 5 10
Se repérer dans l'espace → 5
Raisonner → 11

Les migrations dans le monde (2)

? *Quelles sont les conséquences des migrations dans les États concernés ?*

Document 1 Sondage sur l'accueil des migrants en France et en Allemagne

Depuis 2011, l'arrivée massive de migrants en Europe a placé l'immigration au centre des préoccupations des Européens, provoquant une montée de la xénophobie et des partis politiques d'extrême droite.

1. Notre pays compte déjà beaucoup d'étrangers ou de personnes d'origine étrangère et accueillir des immigrés supplémentaires n'est pas possible.

	D'accord	Pas d'accord
FRANCE	73 %	27 %
ALLEMAGNE	33 %	67 %

2. Notre pays a les moyens économiques et financiers d'accueillir les migrants.

	D'accord	Pas d'accord
FRANCE	39 %	61 %
ALLEMAGNE	73 %	27 %

3. Si on accueille des migrants en nombre important dans notre pays et en Europe, cela créera un appel d'air vers l'Europe.

	D'accord	Pas d'accord
FRANCE	80 %	20 %
ALLEMAGNE	69 %	31 %

4. Parmi les très nombreux migrants qui arrivent actuellement en Europe se trouvent des terroristes potentiels.

	D'accord	Pas d'accord
FRANCE	69 %	31 %
ALLEMAGNE	64 %	36 %

Source : Sondage de l'IFOP publié dans *Le Monde*, 27 octobre 2015.

Document 2 Les conséquences des migrations sur les pays de départ et d'accueil

A. « Dans les pays d'accueil, la main-d'œuvre immigrée occupe de nombreux métiers pénibles, dangereux, mal payés. Leur venue limite le vieillissement de la population : sans elle, la population active baisserait et serait insuffisante pour répondre aux besoins de l'économie et de la société. »

D'après Catherine Withol de Wenden, *Atlas des migrations*, Éditions Autrement, 2014.

B. « Selon la Banque mondiale, les émigrés des pays en développement envoient quelque 435 milliards de dollars à leur pays d'origine. Amélioration de la vie quotidienne, paiement des dépenses d'éducation et de santé, investissement dans l'économie locale, les remises jouent un véritable rôle dans le développement de leur pays d'origine. »

D'après Jean-Pierre Robin, www.lefigaro.fr, octobre 2014.

C. « Conscients des conséquences économiques de la "fuite de cerveaux", certains pays de départ commencent à élaborer une politique pour "récupérer" leurs étudiants diplômés des grandes écoles. »

D'après Moussa Diop, *Le Monde*, 27 février 2015.

D. « Dans les pays d'accueil, l'immigration constitue un apport culturel dans le sport et les arts populaires. La grande majorité des footballeurs de haut niveau sont issus de l'immigration, et les artistes d'origine immigrée sont des vedettes de la chanson populaire. »

D'après *Courrier international*, 27 avril 2012.

1 D'après le document 1, quel organisme a réalisé ce sondage et quel journal l'a commandé ?

....

....

2 Entourez la date à partir de laquelle l'arrivée de migrants en Europe est devenue massive.

3 D'après la proposition 1 du sondage, entourez le nom du pays où la population apparaît comme la plus opposée à l'accueil de migrants supplémentaires.

4 D'après la proposition 2, pourquoi l'autre pays n'est-il pas du même avis ?

....

....

5 Quelles craintes sont assez largement partagées par les populations allemande et française ?

....

....

....

6 Soulignez le terme désignant l'attitude hostile provoquée par l'augmentation de l'immigration en Europe et la conséquence politique qui en découle.

7 À l'aide du document 1 et des expressions soulignées dans le document 2, écrivez dans le tableau ci-dessous les conséquences des migrations pour les pays de départ et d'arrivée :

- en vert, celles qui sont positives ;
- en rouge, celles qui sont négatives.

	Conséquences des migrations
Pays de départ	• .... • .... • ....
Pays d'accueil	• .... • .... • ....

Compétences

Analyser un document → 1 4 5

Pratiquer différents langages → 2 3 6 7

Barcelone, une ville touristique (1)

Quels sont les atouts et l'importance du tourisme à Barcelone ?

1 Sur le document 1, entourez le pays et la région où se situe Barcelone, puis soulignez le nom de la mer qui borde la ville.

2 Complétez le tableau ci-dessous en écrivant, pour chaque type de tourisme, le nom des différentes sortes d'attractions touristiques.

	Attractions touristiques
Tourisme d'affaires	• ....
Tourisme balnéaire	• ....
Tourisme culturel	• .... • .... • .... • .... • ....

3 D'après le document 2, quel type de tourisme est le plus représenté à Barcelone ?

....

4 Dans la légende, entourez les informations montrant l'importance économique du tourisme à Barcelone.

5 Combien de touristes ont visité Barcelone en 2015 ?

....

6 D'après le document 2A, d'où vient la majorité des touristes ?

....

7 D'après le document 2B, quel moyen de transport est le plus utilisé par les touristes pour se rendre à Barcelone ?

....

8 D'après le document 1, comment Barcelone compte-t-elle favoriser l'arrivée par bateau ?

....

Document 1 Barcelone, une ville touristique

Document 2 Le tourisme international à Barcelone en 2015

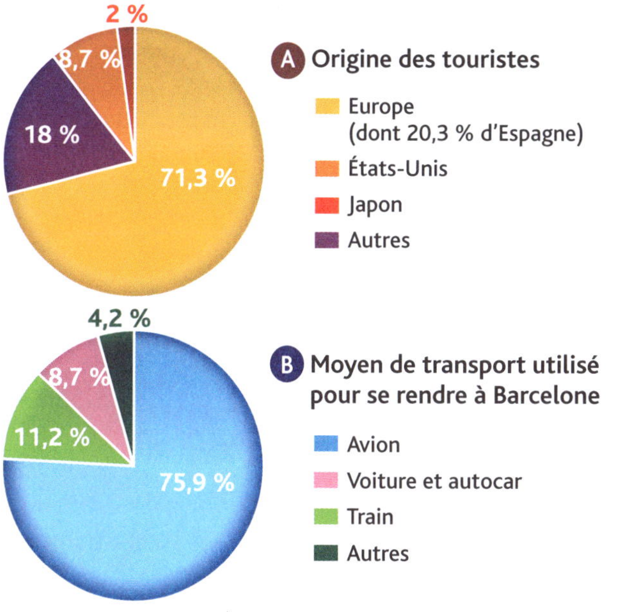

Source : Statistiques du tourisme à Barcelone et en régions, 2015.

Barcelone est la destination touristique en Europe. Elle accueille 8,3 millions de touristes, ce qui représente un revenu de plus de 7 milliards d'euros, soit 12 % du PIB de la ville.

9 D'après les documents 1 et 2, quelles nationalités de touristes témoignent de la renommée mondiale de Barcelone ? Quel équipement permet leur venue ?

....

....

Compétences

Analyser un document → 3 5 6 7 8 9
Pratiquer différents langages → 1 2 4
Se repérer dans l'espace → 1

Barcelone, une ville touristique (2)

Fiche 47

Quelles sont les conséquences du développement touristique à Barcelone ?

Document 1 Le port de croisière de Barcelone

Le port de Barcelone, avec 2,6 millions de passagers par an, est le premier port de croisière en Méditerranée et le quatrième au monde. La municipalité a engagé d'importants travaux pour augmenter le nombre de bateaux accueillis et améliorer les conditions d'embarquement et de débarquement des passagers.

1 Sur la photographie, localisez les éléments suivants : ❶ Bateaux de croisière ❷ Port de plaisance ❸ Ville ❹ Gares maritimes ❺ Quai nouvellement aménagé pour les croisières ❻ Parkings ❼ Nouveau centre d'affaires ❽ Station téléphérique

2 En légende, soulignez en bleu les informations montrant l'importance du port de croisière.

3 Soulignez en vert la façon dont la municipalité développe l'activité de croisière.

4 Sur la photographie, coloriez les cases montrant le développement du port de croisière.

5 Dans le document 2, soulignez en bleu les informations montrant la très forte fréquentation touristique à Barcelone.

6 Entourez les types d'hébergement qui se multiplient pour accueillir le nombre croissant de touristes.

7 Quelles sont les conséquences pour les habitants de Barcelone ?

....

8 Soulignez en vert les mesures prises par la municipalité pour limiter la multiplication de ce type d'hébergement.

9 Soulignez en rouge la réaction des opposants à ces mesures.

Document 2 « Tourisme : Barcelone affiche complet »

« La "maire-citoyenne" Ada Colau a, dès son arrivée aux commandes de la municipalité en juin 2015, décrété un "moratoire[1]" sur les logements touristiques. [...] "Nous n'avons rien contre ceux qui viennent, mais notre devoir est de réguler ces flux gigantesques." [...] Certaines zones du centre-ville sont saturées par des hordes de touristes. [...] Aux Drassanes, [...] les riverains se déchirent entre ceux qui préfèrent un jardin public et ceux qui défendent l'implantation d'un hôtel. Ce cas illustre parfaitement les tensions à l'œuvre. Dans ce quartier [...] peuplé de familles modestes et d'immigrants, certains [...] comme Antonio, estiment que l'hôtel bouleverserait l'équilibre du secteur. "[...] Avec cet hôtel, ce serait fini. On aurait la hausse du prix des logements, la cherté des commerces et donc, pour la majorité dont je fais partie, l'obligation d'aller vivre ailleurs."

Les opposants à cette politique municipale des autorités locales soulignent que la décision de la mairie est irresponsable. Les sociétés affectées iront devant les tribunaux.

Si les hôtels sont défendus par une partie des politiques et des acteurs économiques, la prolifération des appartements touristiques, en revanche, suscite un rejet unanime. [...] Airbnb est tout spécialement dans le collimateur. En novembre 2016, la mairie a puni cette plateforme [...] d'une amende inédite de 600 000 euros, précisément pour ne pas avoir déclaré une bonne partie des appartements loués. »

D'après François Musseau, Liberation.fr, 17 février 2017.

1. Interdiction provisoire.

Compétences

Analyser un document → 2 3 5 6 7 8 9

Pratiquer différents langages → 1 4

Le tourisme mondial et ses espaces (1)

❓ *Quelle est l'importance du tourisme international ?*

1 Dans le document 1, entourez le nombre de touristes internationaux en 2015.

2 Par combien ce nombre a-t-il été multiplié depuis 1980 ?

....

3 Dans la légende, soulignez les trois principaux facteurs du développement du tourisme international.

4 Comment s'explique la diminution du nombre de touristes internationaux entre 2008 et 2010 ? Que constatez-vous après ?

....

....

Document 1 L'évolution du nombre de touristes internationaux

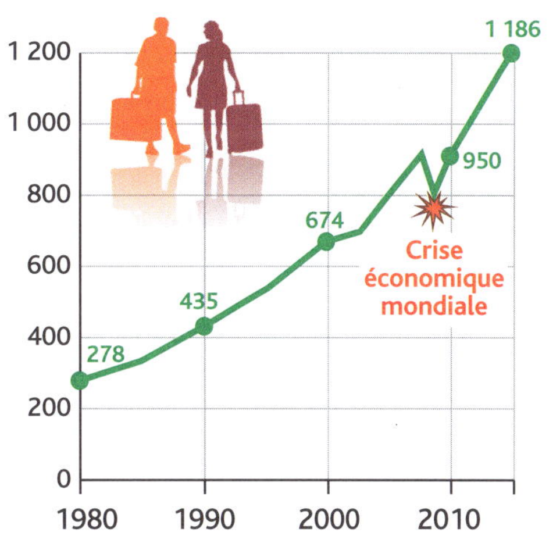

Source : Organisation mondiale du tourisme, 2016.

Depuis les années 1980, la croissance du tourisme international s'explique surtout par la diminution du coût des transports, le développement des télécommunications et la hausse du niveau de vie moyen dans le monde.

Document 2 Espaces et flux touristiques dans le monde

1. Les régions de départ de touristes
- principales régions d'origine des touristes internationaux et la part qu'elles représentent
- principaux flux touristiques
- flux touristiques secondaires

2. Les régions d'arrivée de touristes
- les 10 pays les plus visités au monde et leur classement
- autres pays touristiques importants
- mers à croisière
- étude de cas : Barcelone

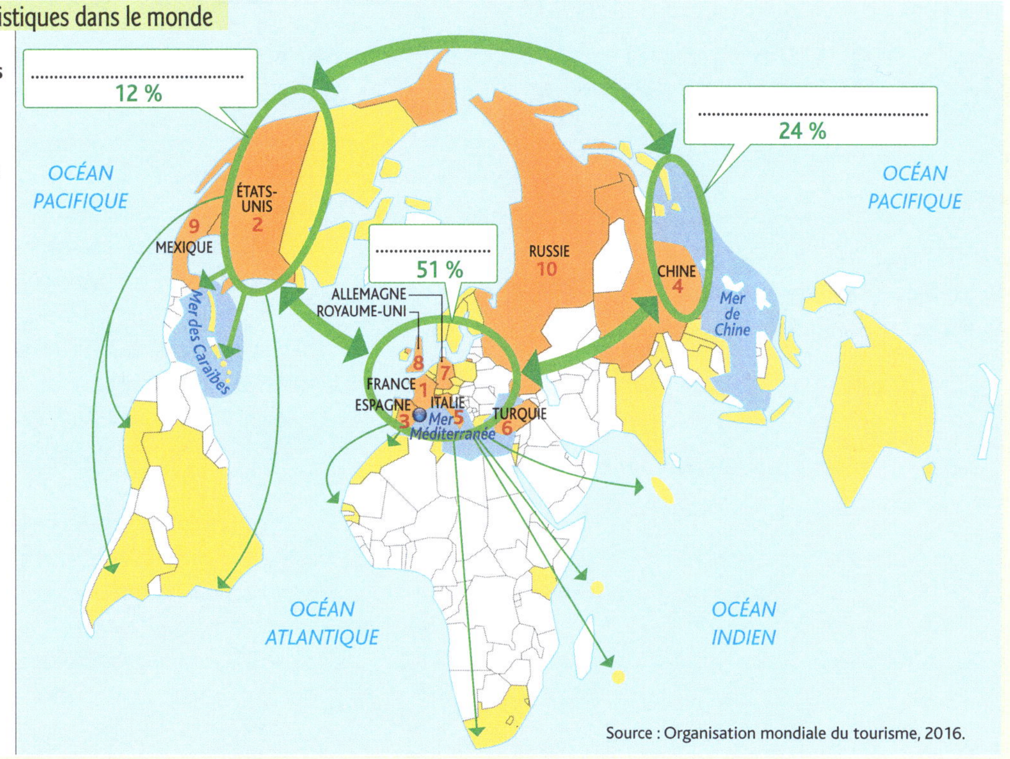

Source : Organisation mondiale du tourisme, 2016.

5 Sur le document 2, écrivez dans les cases les noms des trois principales régions d'origine des touristes internationaux :

Amérique du Nord • Asie et Pacifique • Europe

6 Coloriez en rouge la case de la région dont sont originaires le plus grand nombre de touristes internationaux.

7 Pourquoi peut-on considérer que ces trois régions sont aussi les principales régions d'arrivée de touristes ?

....

....

8 Citez les trois mers sur lesquelles le tourisme de croisière s'est le plus développé.

....

Compétences

Analyser des documents → 2 4 7 8 Se repérer dans l'espace → 5 8 Pratiquer différents langages → 1 3 5 6

Le tourisme mondial et ses espaces (2)

? *Quel impact le tourisme a-t-il sur les territoires et les sociétés ?*

Document 1 Page d'accueil d'un site comparateur de voyages touristiques

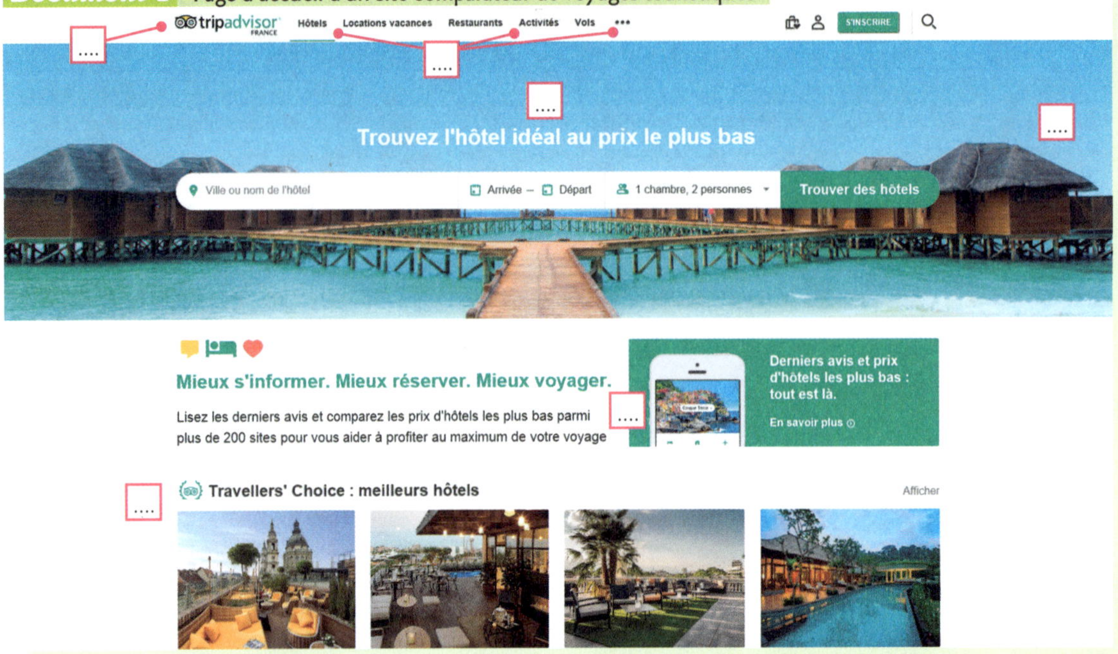

1 Quelle est la nature du document 1 ?

....

2 Indiquez dans les cases les numéros des éléments composant la page d'accueil de ce site :

❶ Nom du site comparateur ❷ Onglets des rubriques touristiques ❸ Slogan du site ❹ Hôtel en Polynésie en fond d'accueil ❺ Sélection d'hôtels de luxe dans le monde ❻ Objectif affiché du site

3 Qu'est-il proposé aux visiteurs du site ?

....

4 Quels atouts touristiques sont ici mis en avant ?

....

....

5 Quel type de tourisme est représenté ?

☐ Tourisme d'affaires ☐ Tourisme culturel
☐ Tourisme balnéaire

6 Dans le document 2, entourez les informations montrant le poids économique du tourisme dans le monde.

7 Que doit permettre le tourisme pour les destinations concernées ?

....

Document 2 Tourisme et développement durable

Le tourisme est une activité économique importante (10 % du PIB mondial). Ce secteur représente un emploi sur onze dans le monde.
« Une […] difficulté du tourisme et de ses lieux est […] d'assurer le développement des destinations. On entend maîtriser son impact sur les ressources naturelles, les paysages et les sociétés locales. Dès lors, de nouveaux produits touristiques sont apparus sous la forme d'écotourisme, de tourisme solidaire ou de tourisme éthique… Avec vingt-cinq ans de recul, le recours au développement durable apparaît très contrasté et semble plutôt relever d'un discours que d'un changement radical dans les manières de faire.
Le développement durable, c'est aussi un affichage. Dubaï se vend comme une destination durable, tout en construisant des îles artificielles et en érigeant la climatisation en système de vie y compris sur les plages. Au niveau social, le statut des saisonniers, synonyme de précarité, reste problématique. »

P. Duhamel, « Le tourisme lectures géographiques », *Documentation photographique* n° 8 094, La Documentation française, 2013.

8 Sur quoi le tourisme a-t-il un impact que l'on doit maîtriser ?

....

9 Soulignez en vert une conséquence négative du tourisme sur l'environnement et, en rouge, une conséquence négative sur les travailleurs saisonniers.

10 Au contraire de Dubaï, quelles formes de tourisme respectent les principes du développement durable ?

....

Compétences

Analyser des documents → 1 3 4 5 6 7 8 9 10

Pratiquer différents langages → 2

Mers et océans : un monde maritimisé (1)

Fiche 50

Pourquoi les mers et les océans sont-ils au cœur de la mondialisation ?

Document 1 Le trajet d'un navire de commerce, le Bougainville

Le CMA-CGM Bougainville est l'un des plus grands porte-conteneurs au monde. Long de 398 mètres, il peut transporter jusqu'à 18 000 conteneurs. Ce gigantisme des navires est l'une des principales causes expliquant l'augmentation du commerce maritime. Ce dernier représente aujourd'hui 80 % des échanges de matières premières, d'énergie et de produits manufacturés.

1 Dans la légende sous la carte (doc. 1), soulignez en rouge les informations concernant le navire Bougainville.

2 Dans la légende, entourez le nombre de jours que met le Bougainville pour faire l'aller-retour entre l'Europe et l'Asie.

3 Écrivez sur la carte le nom des océans traversés par le Bougainville et entourez les deux types de passages stratégiques empruntés.

4 Dans quel pays d'Asie fait-il le plus d'escales ? Pourquoi selon vous ?

....

....

5 En légende, soulignez en vert l'information montrant que les échanges maritimes sont essentiels pour le commerce mondial.

6 À l'aide du document 2, complétez le tableau ci-dessous.

Type de ressources	Halieutiques	Minières	Énergétiques
Exemples de ressources	....	....	....
Activités humaines	....	....	....

7 Sur une feuille à part, montrez que les espaces maritimes sont au cœur de la mondialisation.

Document 2 Des espaces maritimes riches en ressources

« L'intérêt croissant pour les espaces maritimes s'explique en partie par les immenses ressources qu'ils recèlent. Tout d'abord les ressources halieutiques[1]. Les océans regorgent de poissons et de crustacés. [...] La pêche de 100 millions de tonnes de poissons et crustacés chaque année a généré un chiffre d'affaires de 122 milliards de dollars en 2010. La biodiversité marine [...] suscite [...] la convoitise des industries cosmétique et pharmaceutique.
Ensuite, les ressources énergétiques et minérales. Les progrès techniques et la raréfaction des ressources terrestres ont favorisé l'exploitation des fonds et sous-sols marins. Des prospections ont [...] permis d'évaluer les réserves sous-marines d'hydrocarbures[2] à un tiers des réserves prouvées et, aujourd'hui, l'offshore[3] constitue le tiers de la production mondiale.
Les fonds marins possèdent aussi 84 % des réserves de minerais mondiales. Les nodules polymétalliques (riches en cobalt, cuivre, nickel, platine), les amas sulfurés (cuivre, zinc, plomb) [...] sont très convoités, notamment dans l'électronique. Les terres rares[4], estimées à 90 millions de tonnes dans le Pacifique, font de cet espace un lieu stratégique, convoité par les puissances. [...] »

Soline Toussaint, www.diplo-mates.fr, 2017.

1. Faune et flore (poissons, crustacés, algues...).
2. Pétrole ou gaz naturel.
3. Extraction des hydrocarbures en mer.
4. Type de minerai.

Compétences

Analyser un document → 1 2 4 5
Pratiquer différents langages → 3 6
Se repérer dans l'espace → 3 4
Raisonner → 7

Mers et océans : un monde maritimisé (2)

Quelles tensions les mers et océans génèrent-ils ?

Document 1 Les tensions en mer de Chine

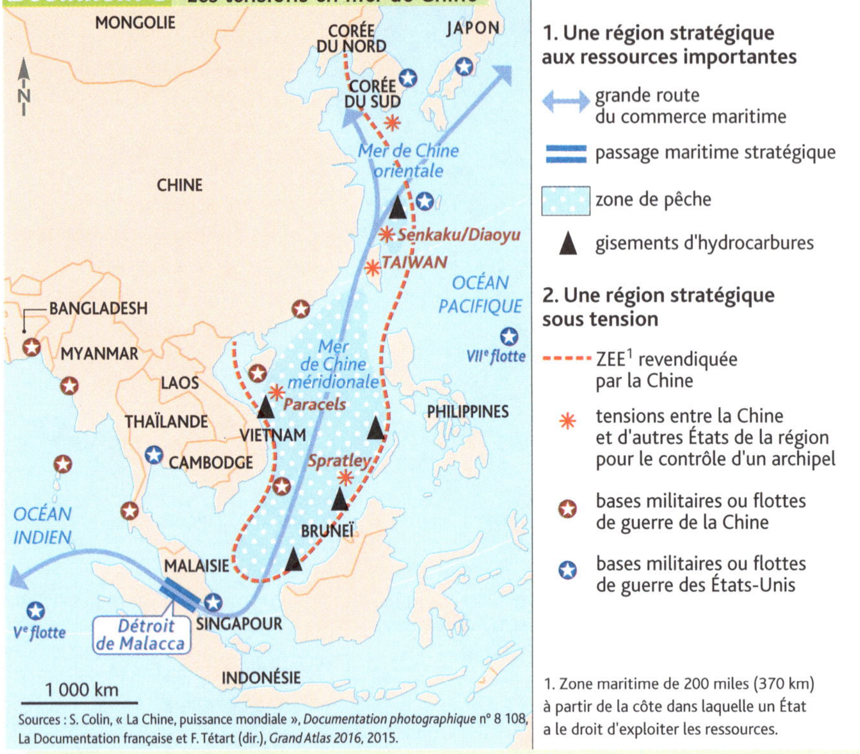

Sources : S. Colin, « La Chine, puissance mondiale », *Documentation photographique* n° 8 108, La Documentation française et F. Tétart (dir.), *Grand Atlas 2016*, 2015.

1. Zone maritime de 200 miles (370 km) à partir de la côte dans laquelle un État a le droit d'exploiter les ressources.

1 Dans la légende du document 1, soulignez les ressources économiques présentes en mer de Chine.

2 Quel pays veut étendre sa ZEE en mer de Chine ?

....

3 Nommez deux archipels à l'origine de tensions entre la Chine et ses États voisins.

....

....

4 Comment s'exprime la présence militaire chinoise en mer de Chine ?

....

....

Document 2 La piraterie maritime et ses conséquences

« La piraterie maritime [...] prend indifféremment pour cibles des navires de commerce et de pêche ou des bateaux de plaisance [...]. Ces actions sont généralement violentes, les pirates n'hésitant pas à se servir de fusils d'assaut ou de lance-roquettes [...]. Elles se produisent [...] en pleine mer, le long des côtes mais également dans les ports [...]. Le but des pirates est de prendre le contrôle du navire [...] pour ensuite s'approprier la cargaison et/ou négocier une rançon contre la libération du navire et de son équipage. Les prises d'otages sont de plus en plus fréquentes dans le golfe de Guinée et dans l'océan Indien où, au 1er mars 2015, 26 marins étaient encore otages. Plusieurs cas de décès ont même été recensés [...]. En septembre 2011 : un plaisancier a été tué et son épouse sauvée in extremis par la force européenne "Atalante"[1]. »

D'après le site Internet www.diplomatie.gouv.fr, mai 2017.

1. Force militaire mise en place par l'Union européenne pour combattre la piraterie dans l'océan Indien.

5 Quelle grande puissance militaire souhaite limiter l'expansion chinoise en mer de Chine ?

....

....

6 D'après le document 2, quelles régions sont les plus touchées par la piraterie ?

....

7 À quelles activités économiques la piraterie nuit-elle ?

....

8 Soulignez dans le texte les objectifs des pirates.

9 Quelles informations témoignent des violences exercées par les pirates ?

....

....

....

10 Quel moyen l'Union européenne a-t-elle mis en place pour lutter contre la piraterie ?

....

Compétences

Analyser un document → 2 3 4 5 6 7 8 9 10
Pratiquer différents langages → 1
Se repérer dans l'espace → 3
Raisonner → 7

Mers et océans : des espaces fragilisés à préserver

? *Quels sont les enjeux environnementaux des mers et des océans ?*

1 Sur le document 1, écrivez dans les cases les numéros des éléments suivants : ❶ Surpêche ❷ Rejets industriels ❸ Extraction de sables marins ❹ Rejets agricoles ❺ Rejets urbains ❻ Marée noire

2 Coloriez les cases selon la légende.

3 Que provoquent la pollution et la surexploitation des océans et des mers ?

....

....

4 Quel nom désigne la pollution provoquée par le naufrage d'un pétrolier ?

....

5 Enquête Web

Site web
Les marées noires
hatier-clic.fr/fhg402

Où et quand la dernière marée noire a-t-elle eu lieu ?

....

6 Quelles sont les principales sources de pollution des espaces maritimes ?

....

....

7 Dans le document 2, entourez les noms des différents acteurs qui agissent pour la protection des mers et des océans.

8 À l'aide du document 2, complétez le tableau suivant.

Mesures proposées par les ONG pour...	
... mettre fin à la surpêche	....
... protéger les écosystèmes marins	....
... limiter la pollution	....

9 Soulignez auprès de qui les ONG font pression pour appliquer des mesures de protection.

Document 1 Les dégradations environnementales des espaces maritimes

La pollution et la surexploitation des espaces maritimes détruisent les écosystèmes et leur biodiversité. Elles ont aussi de graves conséquences sanitaires sur les hommes.

Document 2 « Mers et océans : comment les protéger ? »

« Afin de protéger les mers et océans, de nombreuses associations développent des actions partout dans le monde. [...]
Toutes les organisations de protection de l'environnement plaident pour le développement d'une pêche durable, qui réponde à nos besoins en poissons sans compromettre ceux des générations futures. Il est nécessaire selon WWF[1] de "redonner une place centrale à la pêche artisanale, la rendre plus rentable au plan économique, énergétique, environnemental et social". [...]
Greenpeace[1], tout comme WWF, demandent également la création d'un réseau de réserves marines qui couvriraient 30 % à 40 % de la surface des océans afin de protéger les écosystèmes et permettre le renouvellement des ressources marines.
De son côté, l'association Surfrider[1] [...] mène notamment des actions de sensibilisation, d'éducation et [fait pression] auprès des responsables politiques afin de réduire de 50 % les déchets entrant dans l'environnement marin d'ici 2020. Car aujourd'hui, les mers et océans sont devenus une véritable poubelle. Selon Surfrider, "la quantité de déchets trouvés dans les océans est telle que son accumulation a créé des continents massifs dont la taille représente 1/3 de [la superficie de] l'Europe" et le plastique représente plus de 70 % des déchets. »

Myriam Arab Blanckaert, © Pratique.fr, 29 sept. 2016.

1. Organisation non gouvernementale (ONG) de protection de l'environnement.

Compétences

Analyser un document → 3 4 6 7 9
S'informer dans le monde du numérique → 5
Pratiquer différents langages → 1 2 8

Mers et océans dans la mondialisation

? *Comment la mondialisation organise-t-elle les espaces maritimes ?*

Document 1 Une maritimisation des échanges

Document 2 Des espaces convoités

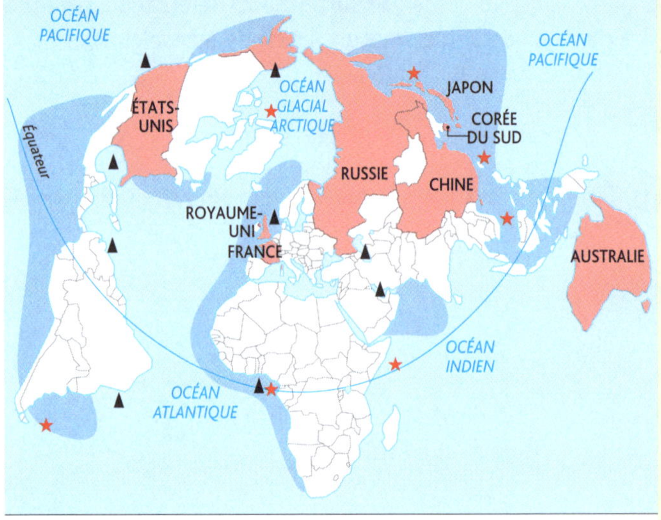

À l'aide des documents 1 et 2, complétez le croquis ci-dessous :

- écrivez le nom des trois principaux océans ;
- complétez la légende ;
- coloriez le croquis selon la légende et donnez-lui un titre.

TITRE : ....

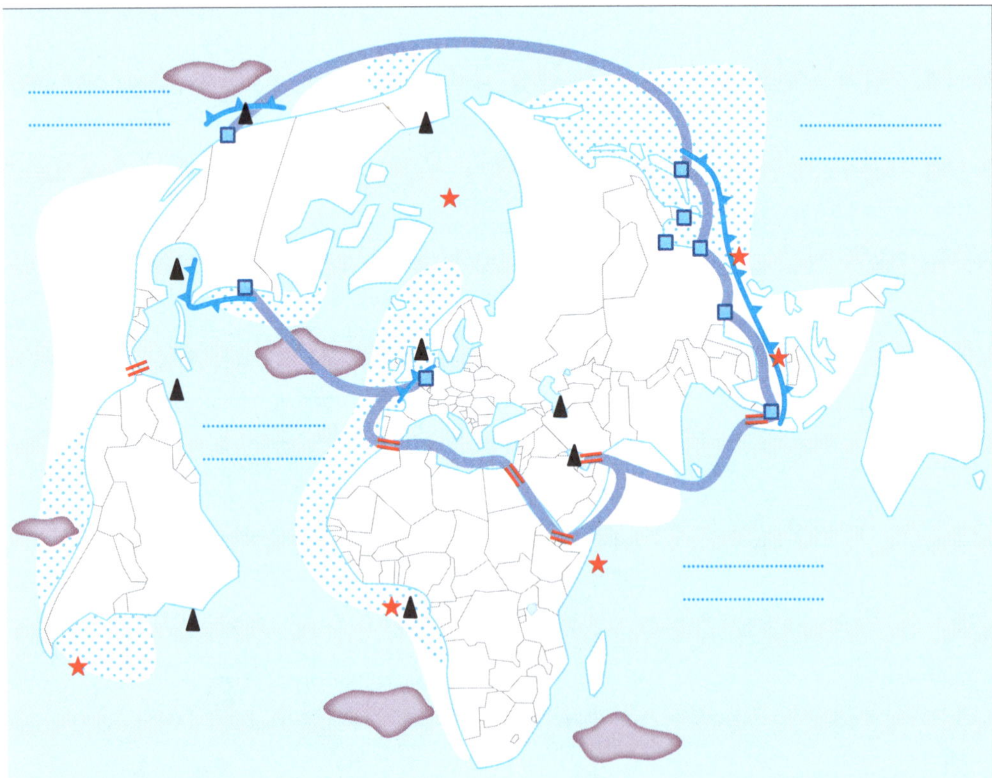

1. Une maritimisation des échanges

- ....
- ....
- ....
- ....

2. Des espaces convoités

- ....
- ....
- principales puissances maritimes
- ....
....

3. Des dégradations environnementales

- zones de surpêche
- importantes concentrations de plastiques

Compétences

Analyser un document — Se repérer dans l'espace — Pratiquer différents langages

L'adaptation du territoire des États-Unis à la mondialisation (1)

? *Quelles sont les dynamiques de la Mégalopolis américaine dans la mondialisation ?*

1 D'après le document 1, à l'aide des points cardinaux, où la Mégalopolis est-elle située aux États-Unis ?

....

2 Sur la carte, écrivez le nom de l'océan qui borde la Mégalopolis.

3 Soulignez le nom des deux métropoles entre lesquelles s'étend la Mégalopolis.

4 Quelles informations montrent qu'il s'agit d'une région peuplée ?

....

....

5 Quels équipements permettent à cette région de recevoir les flux :

- d'hommes ? ....
- de marchandises ? ....
- de capitaux ? ....

6 À l'aide de la carte, complétez le tableau suivant en classant les institutions qui font de la Mégalopolis un centre de décision de niveau mondial.

La Mégalopolis américaine, centre de décision mondial	
Pouvoir politique	....
Pouvoir culturel	....
Pouvoir économique et financier	....

7 Dans le document 2, soulignez ce qui explique la nécessaire adaptation des ports de la côte Est des États-Unis.

8 Encadrez les deux handicaps du port de Baltimore.

Document 1 La Mégalopolis, un centre d'impulsion de la mondialisation

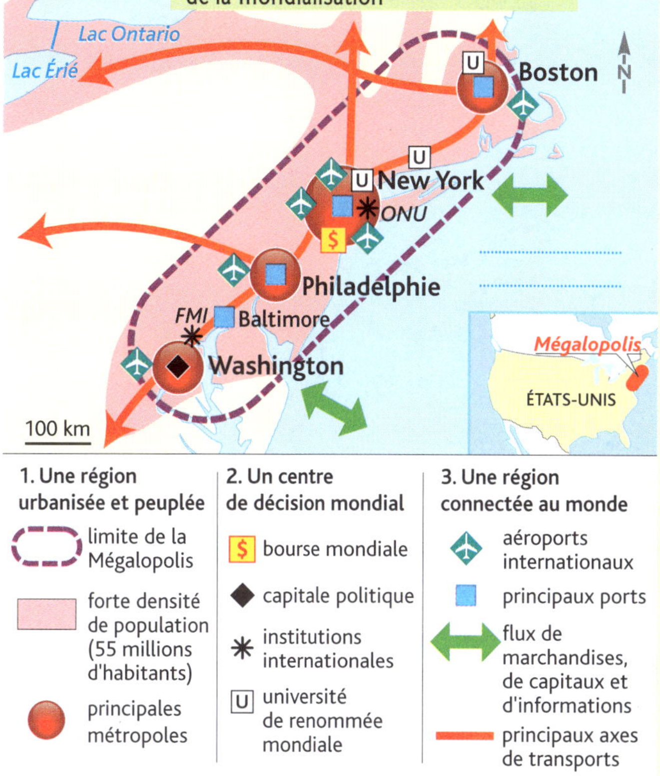

Document 2 Le port de Baltimore et la mondialisation

« [Du fait de l'augmentation du commerce maritime] sur la côte Est des États-Unis, plusieurs ports cherchent à relancer leur activité. Un premier défi pour Baltimore est celui du manque de profondeur pour accéder au port. Une deuxième opportunité est [...] l'élargissement en cours des écluses du canal de Panama qui devrait permettre [...] l'arrivée de gros porte-conteneurs ayant emprunté la route transpacifique en provenance d'Asie. Troisièmement, l'essor économique du Brésil est favorable aux ports du golfe du Mexique et de la côte Est. [...] Baltimore, cependant, est lourdement handicapé face à ces possibilités de renaissance des trafics, du fait de son éloignement de la mer. Il apparaît que l'avenir du port de Baltimore n'est plus d'être un port polyvalent au sein d'une façade maritime où d'autres ports sont mieux placés. Par contre, le port [...] garde une position enviable dans le trafic roulier[1]. C'est en effet le principal terminal de véhicules automobiles de la côte Est. »

D'après Y. Boquet, « Le port de Baltimore dans la compétition interportuaire aux États-Unis », revue *Territoire en mouvement* n° 10, « Ports et Transport maritime », 2011, http://tem.revues.org/1115.

1. Un roulier est un navire utilisé pour transporter entre autres des véhicules.

9 Quelle activité constitue l'avenir du port de Baltimore dans la mondialisation ? Pourquoi ?

....

....

Compétences

Analyser un document → 4 5 7 8 9 Se repérer dans l'espace → 1 2 3 Pratiquer différents langages → 6

L'adaptation du territoire des États-Unis à la mondialisation (2)

? *Comment la Rust Belt s'adapte-t-elle à la mondialisation ?*

Document 1 La *Rust Belt* en crise

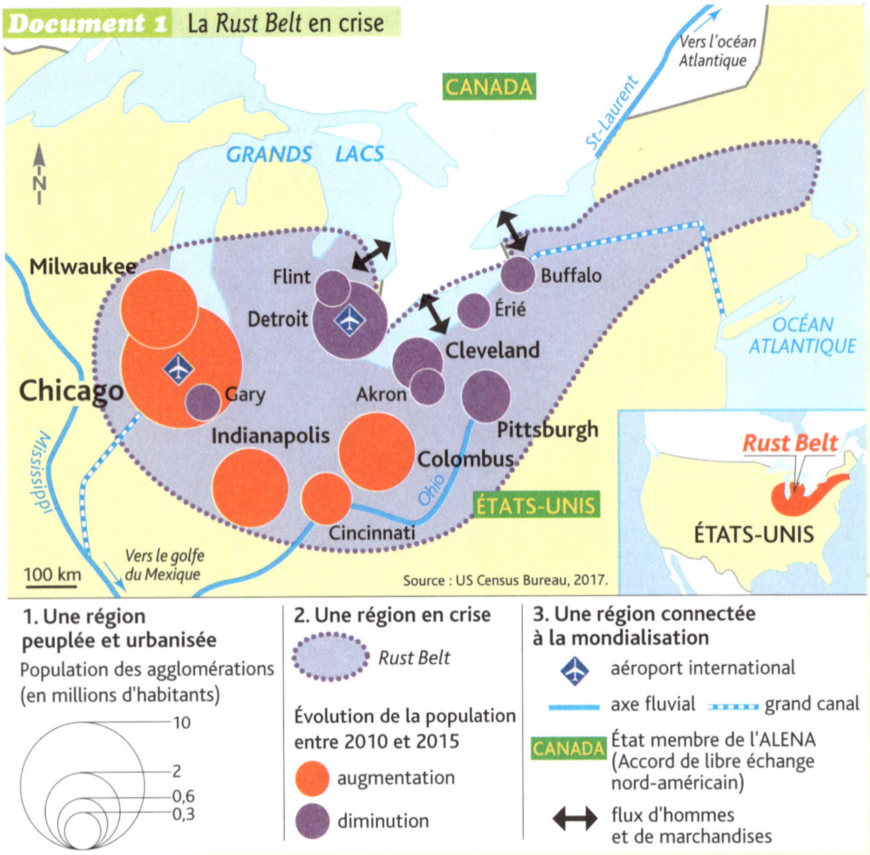

1 D'après le document 1, à l'aide des points cardinaux, localisez la *Rust Belt* aux États-Unis. À la frontière de quel pays est-elle située ?

....

....

2 Par quels fleuves et lacs la région est-elle reliée à l'océan Atlantique et au golfe du Mexique ?

....

....

3 Dans le document 2A, entourez la traduction de *Rust Belt*. Comment appelait-on cette région avant les années 1980 ?

....

....

Document 2 Déclin et renouveau de la *Rust Belt* aux États-Unis

A. « La *Rust Belt* est une région appelée auparavant *Manufacturing Belt*. [...]. Depuis les années 1980, son nouveau nom ("ceinture de la rouille") évoque le déclin des industries lourdes (sidérurgie) et de l'industrie automobile [...]. Si certaines villes ont réussi leur reconversion post-industrielle, la désindustrialisation s'est accompagnée d'une chute des emplois, d'un accroissement de la pauvreté, d'un recul démographique et d'un rétrécissement urbain dont Detroit est l'exemple le plus saisissant. »

D'après « La *Rust Belt* », Glossaire de Géoconfluences, juillet 2015.

B. « Usines fermées et quartiers à l'abandon ont nourri l'image de la *Rust Belt* [...]. Il semble que la crise [...] soit terminée : non seulement les technologies ont permis la modernisation de certains secteurs (aciers spéciaux, chimie, textiles synthétiques, automobile), mais des villes et des régions sinistrées, comme Pittsburgh [...] ou la Nouvelle-Angleterre [...], se sont fort bien reconverties dans les industries de pointe, grâce à la valorisation de nombreux atouts : un énorme marché, des universités prestigieuses, un potentiel touristique très favorable, un environnement urbain et côtier exceptionnel. »

Encyclopédie Larousse en ligne, Larousse.fr, 2017.

4 De quelles industries le nom de *Rust Belt* évoque-t-il le déclin ?

....

....

....

5 Soulignez en rouge les conséquences de ce déclin.

6 Sur le document 1, soulignez :
- en bleu, deux autres villes qui, comme Detroit, ont connu une diminution de leur population ;
- en rouge, les cinq villes dont la population a au contraire augmenté entre 2010 et 2015.

7 Dans le document 2B, soulignez en vert le passage montrant que d'anciennes industries ont su se moderniser pour faire face à la mondialisation.

8 Soulignez en rouge les nombreux atouts sur lesquels s'appuie le renouveau de la *Rust Belt*.

9 D'après le document 1, grâce à quels aménagements et quel accord commercial la *Rust Belt* est-elle connectée à la mondialisation ?

....

Compétences

Analyser un document → 3 4 5 6 7 8 9

Se repérer dans l'espace → 1 2

L'adaptation du territoire des États-Unis à la mondialisation (3)

? *Comment la Californie s'intègre-t-elle dans la mondialisation ?*

1 D'après le document 1, à l'aide des points cardinaux, situez la Californie aux États-Unis.

2 Écrivez sur la carte le nom de l'océan qui borde la Californie.

3 Où se situent les plus fortes densités de population ?

4 Dans la légende, soulignez les flux témoignant de l'attractivité de la Californie.

5 Quels aménagements et quel accord commercial montrent l'ouverture de la Californie sur le monde ?

6 Entourez les deux pôles mondiaux de l'innovation et du cinéma en Californie.

Document 1 La Californie, un territoire dynamique intégré à la mondialisation

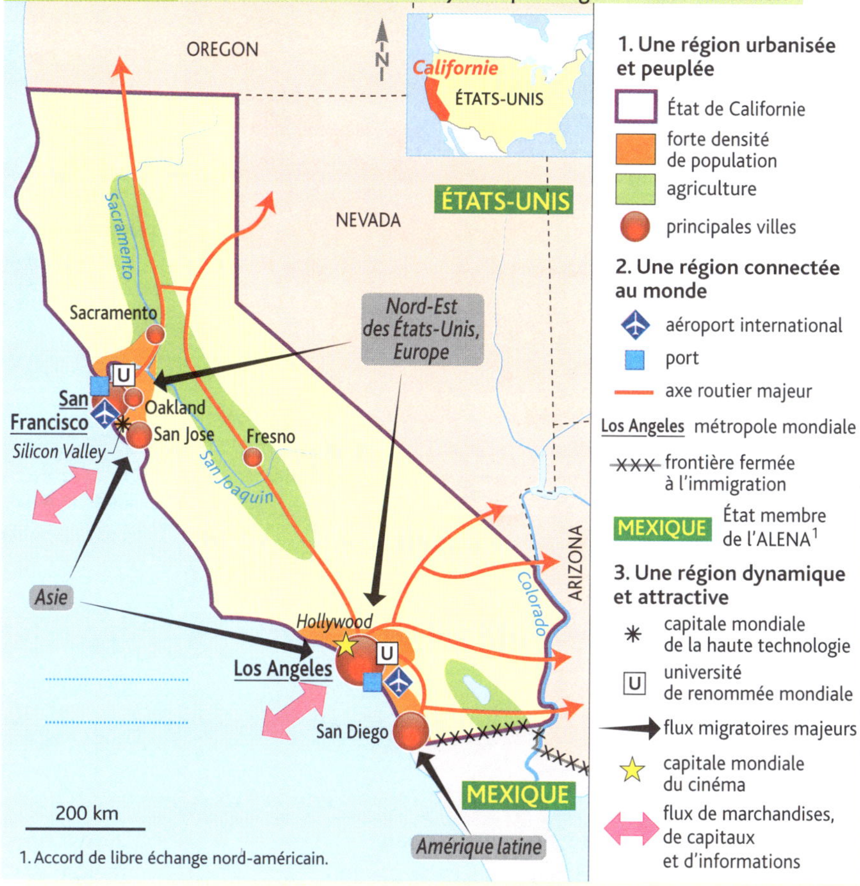

1. Accord de libre échange nord-américain.

7 Quel pays est situé au sud de la Californie ? Pour quelle raison la frontière avec ce pays est-elle fermée ?

Document 2 Une intégration inégale

« La Californie est un État puissant [...], une "région" motrice de la mondialisation [...]. Pour autant, la Californie n'est pas à l'abri de difficultés. En raison des dynamiques internes de la Californie, le traditionnel clivage Nord-Sud est peu à peu [...] remplacé par une nouvelle ligne de clivage, opposant le littoral et l'intérieur de l'État. [...] L'emploi se concentre dans la région urbaine de San Francisco et l'agglomération de Los Angeles [...]. Ces métropoles constituent [...] les leviers fondamentaux de la puissance économique de la Californie. [...]
Certains comtés perdent de la population (entre -7,8 et -4 %) ; situés dans le Nord-Est de l'État, ces comtés – ruraux – sont éloignés des pôles de croissance et des grands axes de circulation. »

Frédéric Leriche, « Les paradoxes de la puissance californienne », Géoconfluences, 7 juillet 2015.

8 Dans le document 2, soulignez la phrase montrant que la Californie est au cœur de la mondialisation et entourez le nom des deux métropoles qui se renforcent grâce à elle.

9 Où se situent les comtés à l'écart de ces deux pôles de croissance et comment se manifeste leur déclin ?

10 Entre quelles régions la mondialisation provoque-t-elle un nouveau clivage ?

Compétences

Analyser des documents → 3 5 7 8 9 10 | Se repérer dans l'espace → 1 2 7 | Pratiquer différents langages → 4 6

L'adaptation du territoire des États-Unis à la mondialisation (4)

? *Comment le territoire des États-Unis s'adapte-t-il à la mondialisation ?*

Document 1 Répartition et dynamiques de la population des États-Unis

1. La répartition de la population

Nombre d'habitants au km²

1 – 10 – 50 – 100

Population des agglomérations

19 – 10 – 3 en millions d'habitants

Mégalopolis : forte concentration urbaine

2. Les dynamiques du peuplement

migrations intérieures

immigration

frontière surveillée pour limiter l'immigration

Document 2 Le territoire des États-Unis dans la mondialisation

1. Un territoire ouvert sur le monde

métropole mondiale

autre métropole

façades maritimes

échanges commerciaux

CANADA importants partenaires commerciaux

2. Les grands ensembles régionaux

Nord-Est : cœur économique du pays, ancienne région industrielle en reconversion

délocalisations industrielles

Sun Belt : régions dynamiques, attractives et concentration d'industries innovantes

régions agricoles ou montagneuses

À l'aide des documents 1 et 2, complétez le croquis ci-dessous :

- complétez la légende et coloriez le croquis ;
- écrivez en bleu le nom des deux océans bordant les États-Unis ;
- écrivez en noir le nom des pays membres de l'ALENA et le nom des quatre principales métropoles des États-Unis ;
- indiquez les flux d'hommes et de marchandises ;
- donnez un titre au croquis.

TITRE : ....

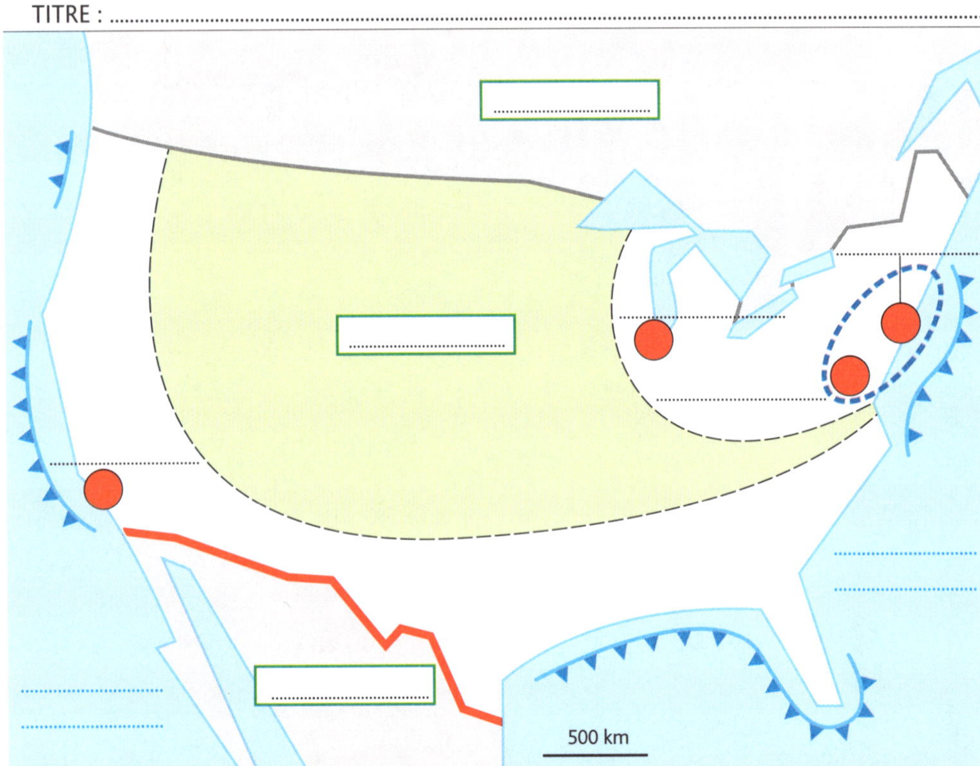

1. Un territoire intégré à la mondialisation

métropole de niveau mondial

Mégalopolis, centre d'impulsion de la mondialisation

flux d'hommes et de marchandises

....

CANADA État membre de l'ALENA

2. Des territoires transformés par la mondialisation

Nord-Est : cœur économique des États-Unis inégalement reconverti

Sun Belt : régions dynamiques et attractives avec des industries innovantes

....

....

Compétences

Analyser un document — Se repérer dans l'espace — Pratiquer différents langages

L'Afrique de l'Ouest dans la mondialisation (1)

? *Comment l'Afrique de l'Ouest s'intègre-t-elle à la mondialisation ?*

Document 1 Lagos, une métropole d'Afrique de l'Ouest

1 Sur la carte de localisation (doc. 1), écrivez le nom du continent et du pays où se situe Lagos.

2 Sur la photographie (doc. 1), écrivez les numéros des éléments suivants dans les cases :

❶ Lagune *(x2)* ❷ Port à conteneurs ❸ Terminal pétrolier ❹ Axes routiers souvent saturés ❺ Quartier pauvre : bidonville ❻ Quartier résidentiel aisé ❼ Centre des affaires

3 Coloriez ensuite les cases :

- en vert, les éléments montrant que Lagos est intégrée à la mondialisation ;
- en rouge, l'élément témoignant des difficultés de développement.

4 Sur le document 2, écrivez le nom de l'océan qui borde l'Afrique de l'Ouest.

5 Soulignez dans la légende les aménagements permettant à l'Afrique de l'Ouest d'être connectée au monde.

6 Soulignez sur la carte le nom du pays qui est une destination touristique internationale.

7 Quels sont les produits :

- exportés vers le reste du monde ?

....

- importés du reste du monde ?

....

8 Les États de l'Afrique de l'Ouest sont-ils tous intégrés à la mondialisation ? Justifiez votre réponse.

....

....

9 Où se situent les États d'Afrique de l'Ouest ayant les IDH plus élevés ?

☐ Sur le littoral ☐ À l'intérieur

Document 2 L'Afrique de l'Ouest, une région ouverte mais fragile

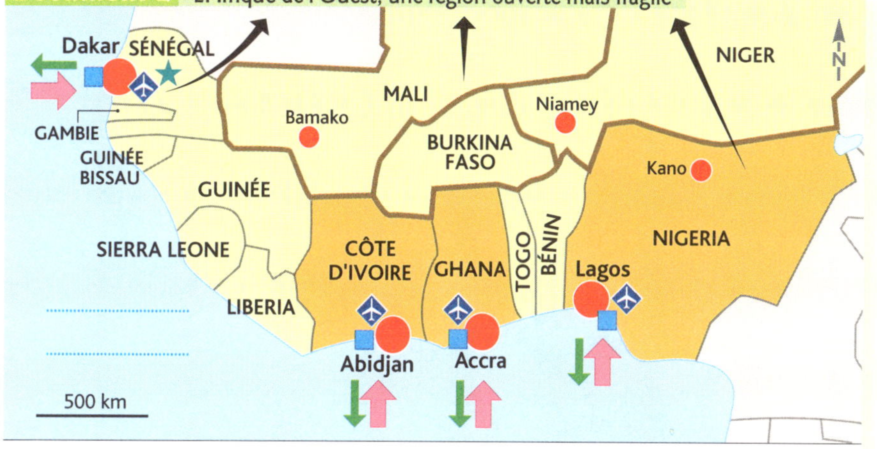

1. Une région ouverte sur le monde
- principales métropoles
- autres métropoles
- principaux aéroports internationaux
- principaux ports
- exportations de matières premières et de produits agricoles
- importations de produits manufacturés, flux d'investissements directs à l'étranger (IDE)
- destination du tourisme international

2. Une région faiblement et inégalement développée
- État à IDH moyen (supérieur à 0,47)
- État à IDH faible (inférieur à 0,47)
- États enclavés (sans accès à l'océan)
- émigration vers l'Europe pour de meilleures conditions de vie

10 Sur la carte, entourez le nom des trois pays enclavés.

11 Vers quelle destination une partie de la population d'Afrique de l'Ouest émigre-t-elle ? Pourquoi ?

....

Compétences

Analyser des documents → 7 8 9 11 Se repérer dans l'espace → 1 4 Pratiquer différents langages → 2 3 5 6 10

L'Afrique de l'Ouest dans la mondialisation (2)

? *Quelles sont les dynamiques de l'Afrique de l'Ouest dans la mondialisation ?*

Document 1 Le dynamisme économique de l'Afrique de l'Ouest

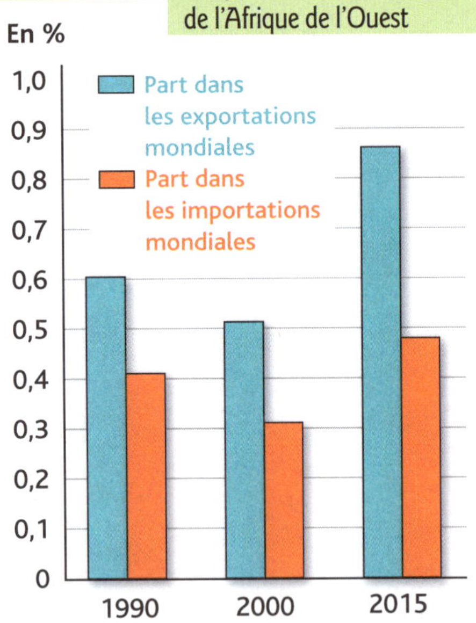

Source : OMC, 2016.

En 2015, l'Afrique de l'Ouest représente moins de 1 % du commerce mondial. Cependant, la croissance économique annuelle de la région a augmenté de 6,6 %, contre 2,7 % pour la croissance économique mondiale. Ce dynamisme attire de plus en plus d'IDE (investissements directs à l'étranger : argent investi par une entreprise dans un pays étranger). Entre 2000 et 2015, ceux-ci sont passés de 33 à 158 milliards de dollars.

Document 2 Affiche publicitaire pour une banque en Côte d'Ivoire (2017)

La BICICI est la Banque internationale pour le commerce et l'industrie de la Côte d'Ivoire.
Comme dans d'autres pays d'Afrique de l'Ouest, la classe moyenne en Côte d'Ivoire est de plus en plus nombreuse. Cela s'explique par la hausse du niveau de vie, en particulier dans les villes qui sont davantage concernées par la mondialisation. La classe moyenne représente ainsi 1,5 million de personnes sur les 5 millions d'habitants d'Abidjan.

1 À l'aide du document 1, montrez que la part de l'Afrique de l'Ouest dans le commerce mondial est faible.

....

2 Montrez que l'Afrique de l'Ouest participe de plus en plus au commerce mondial.

....

....

....

3 Comment se manifeste l'intérêt croissant des investisseurs étrangers pour l'Afrique de l'Ouest ?

....

....

4 En légende, entourez le chiffre de la croissance économique témoignant du dynamisme et de l'attractivité de l'Afrique de l'Ouest.

5 Quelle est la nature du document 2 ?

....

6 Écrivez les numéros des éléments suivants dans les cases : ❶ Famille appartenant à la classe moyenne ❷ Logo de la filiale ivoirienne de la BNP ❸ Slogan publicitaire ❹ Priorité à l'éducation ❺ Essor des réseaux de télécommunications

7 À quelle catégorie de la population ivoirienne s'adresse cette affiche ? Comment évolue son nombre ?

....

....

....

8 Où se concentre cette catégorie de population ?

....

9 Quels secteurs économiques se développent grâce à la consommation de cette catégorie de population ?

....

....

10 À l'image d'autres entreprises, quelle banque française investit en Côte d'Ivoire pour profiter de l'essor de l'économie ivoirienne ?

....

Compétences

Analyser des documents → 1 2 3 4 5 7 8 9 10

Pratiquer différents langages → 6

Quels défis l'Afrique de l'Ouest doit-elle surmonter pour mieux s'intégrer à la mondialisation ?

1 D'après le document 1, par combien environ la population de l'Afrique de l'Ouest a-t-elle été multipliée entre 1950 et 2015 ?

....

2 Dans la légende, entourez la cause de cette évolution.

3 Dans la légende, soulignez :
- en vert, la proportion des moins de 15 ans dans la population totale ;
- en rouge, les domaines dans lesquels les États auront du mal à satisfaire les besoins.

4 Expliquez pourquoi cette croissance démographique va se poursuivre jusqu'en 2050.

....

....

5 Quand la population urbaine sera-t-elle plus nombreuse que la population rurale ?

....

6 À partir du document 2, complétez le tableau suivant en indiquant la (ou les) cause(s) des difficultés auxquelles les États sont confrontés.

Causes	Difficultés
....	Perturbe le commerce maritime
....	Perturbe la stabilité politique des États
....	Nuit à la santé des populations

7 Quel État est confronté à toutes ces difficultés ?

....

8 Quels sont les États qui font appel à la France pour assurer la sécurité de leur territoire ?

....

9 Dans la légende, entourez le nom de l'organisation régionale que les États de la région doivent renforcer pour assurer leur développement et leur sécurité de façon plus autonome.

Document 1 L'évolution démographique en Afrique de l'Ouest

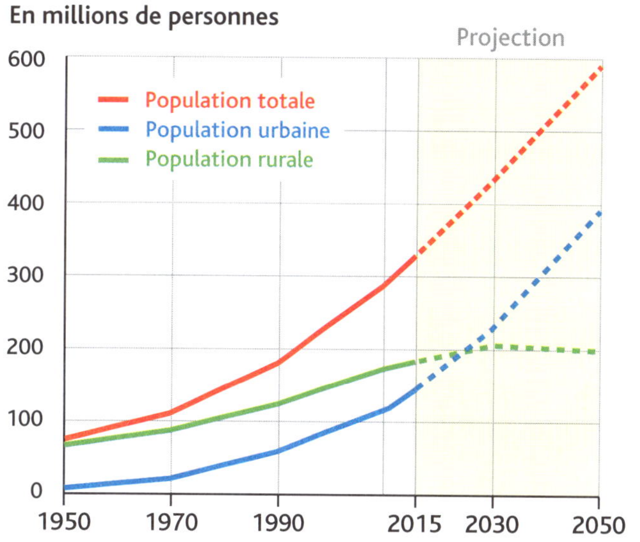

Source : CSAO/OCDE, 2015.

En Afrique de l'Ouest, la fécondité moyenne est élevée (5,6 enfants par femme). La population est donc jeune, avec une proportion des moins de 15 ans variant selon les États entre 40 % et 50 % de la population totale. Les États ont du mal à subvenir aux besoins de santé, de logement, d'éducation et d'emploi de leur population.

Document 2 Tensions et problèmes sanitaires en Afrique de l'Ouest

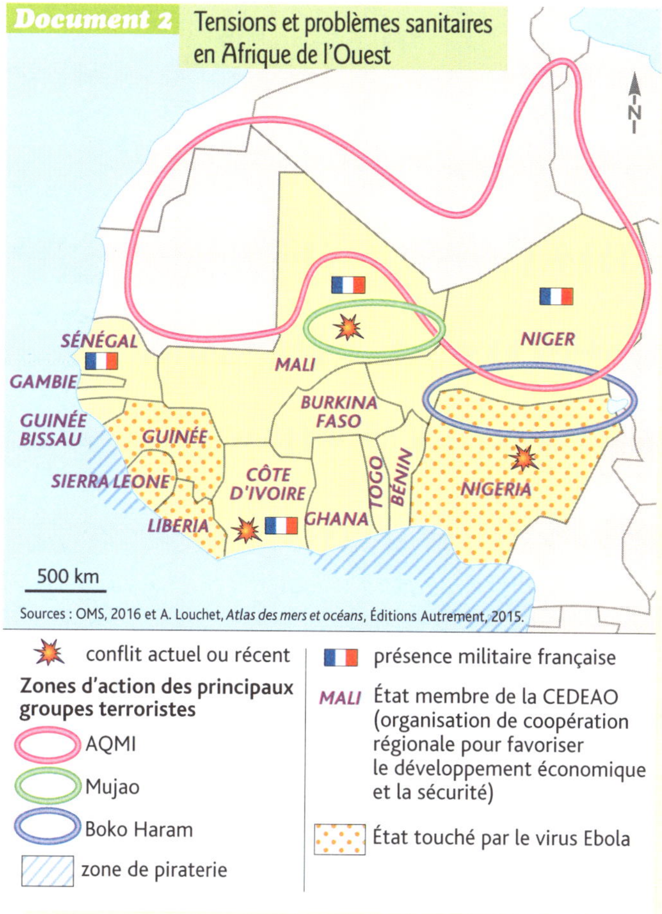

Sources : OMS, 2016 et A. Louchet, *Atlas des mers et océans*, Éditions Autrement, 2015.

Compétences

Analyser des documents → 1 2 3 4 5 7 8

Pratiquer différents langages → 6 9

L'Afrique dans la mondialisation

? *Comment l'Afrique s'intègre-t-elle dans la mondialisation ?*

TITRE : ....

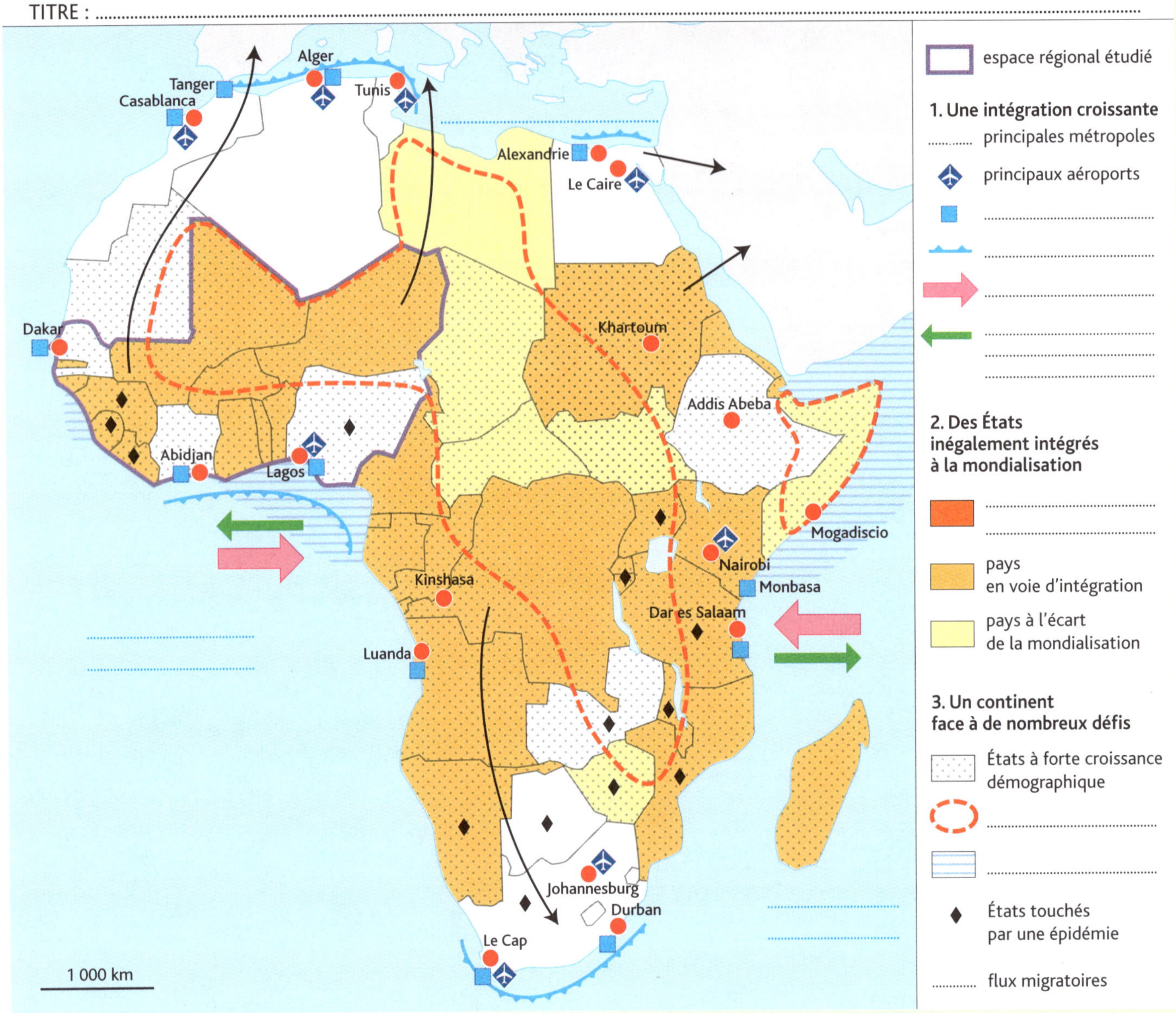

1 Sur la carte, écrivez le nom des océans et de la mer qui bordent l'Afrique.

2 À l'aide des expressions suivantes, complétez la première partie de la légende :
Façade maritime • Importations et IDE • Principaux ports • Exportations de matières et de produits agricoles

3 Coloriez selon la légende les États africains les plus intégrés à la mondialisation, puis complétez la légende.

4 Complétez la troisième partie de la légende à l'aide des expressions suivantes : Zones de piraterie • Zone de conflit

5 Dessinez en légende les figurés manquants.

6 Donnez un titre à la carte.

Compétences

Se repérer dans l'espace → 1

Pratiquer différents langages → 2 3 4 5 6

❓ *Connaître les grands repères géographiques et localiser les paysages étudiés*

1 Sur la carte 1, écrivez le nom des océans, puis le nom des villes suivantes :

Londres • Paris • New York • Tokyo • Los Angeles • Chicago • Singapour • Hong-Kong • Shanghai • Mumbai • Moscou • Sao Paulo • Mexico

2 Repassez selon la légende les réseaux de connexion des villes globales, puis les relations avec les autres villes mondiales.

3 Sur la carte 2, écrivez :

- le nom des passages stratégiques 1 à 4.
- le nom des principales façades maritimes.
- le nom des grands ports A à E.

4 Sur la carte 3, écrivez le nom des grandes aires touristiques mondiales.

Document 1 Les métropoles les plus grandes et les mieux connectées au monde

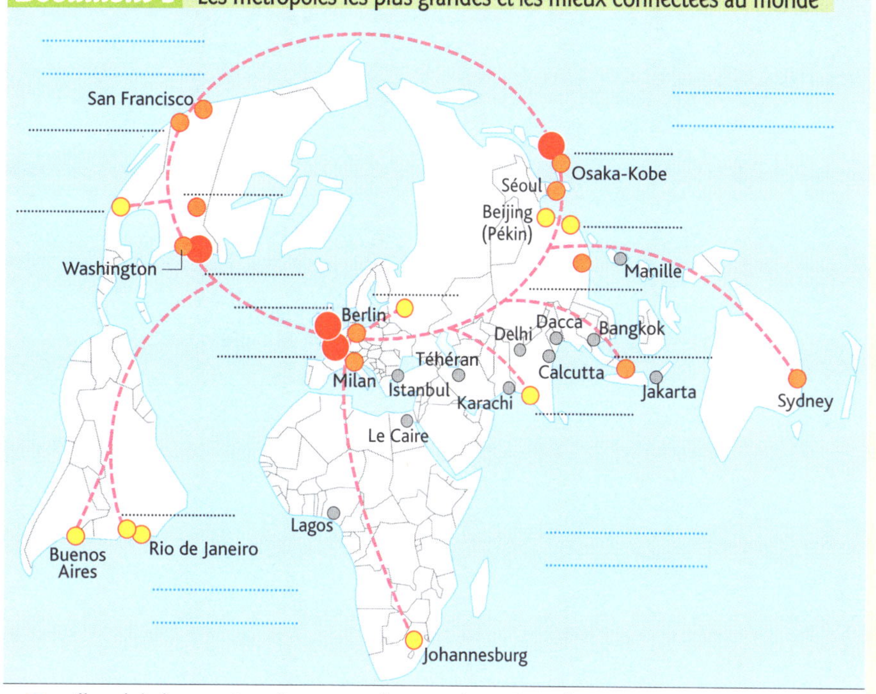

- villes globales : centres de commandement, de savoir et de création, centres financiers et attractifs
- villes mondiales principales
- villes mondiales émergentes
- autres grandes villes
- réseau de connexions des villes globales (aériens, maritimes, informatiques...)
- relations avec le réseau des villes globales

Document 2 Un monde maritimisé

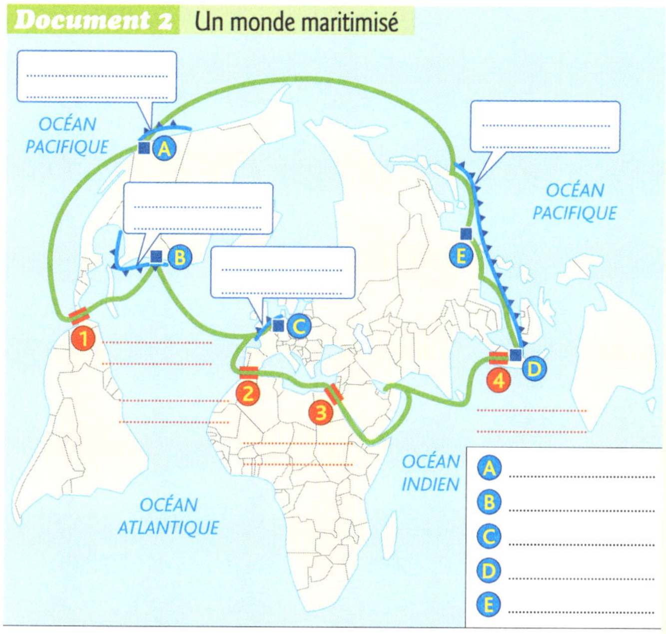

- principale route maritime
- passage stratégique
- port mondial
- principales façades maritimes

Document 3 Le tourisme international

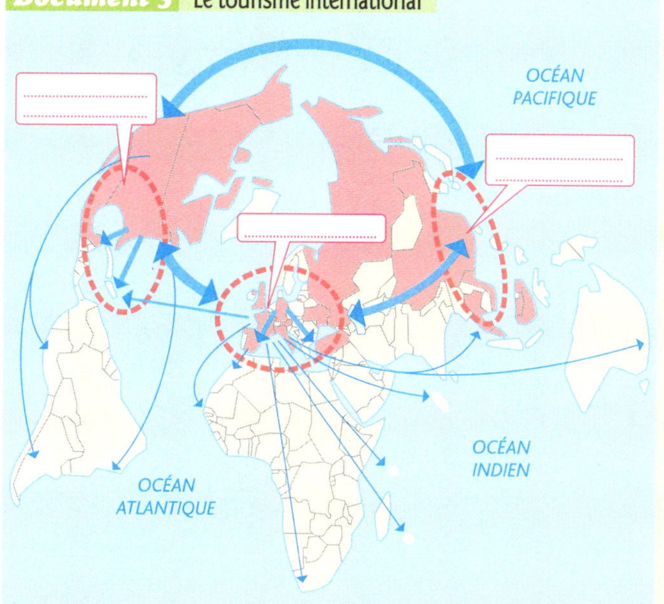

- les 15 pays les plus visités
- grandes aires touristiques
- ....
- ....

5 Où se situent les pays les plus visités (carte 3) ?

....

6 Complétez la légende de la carte 3.

Document 4 Les migrations internationales

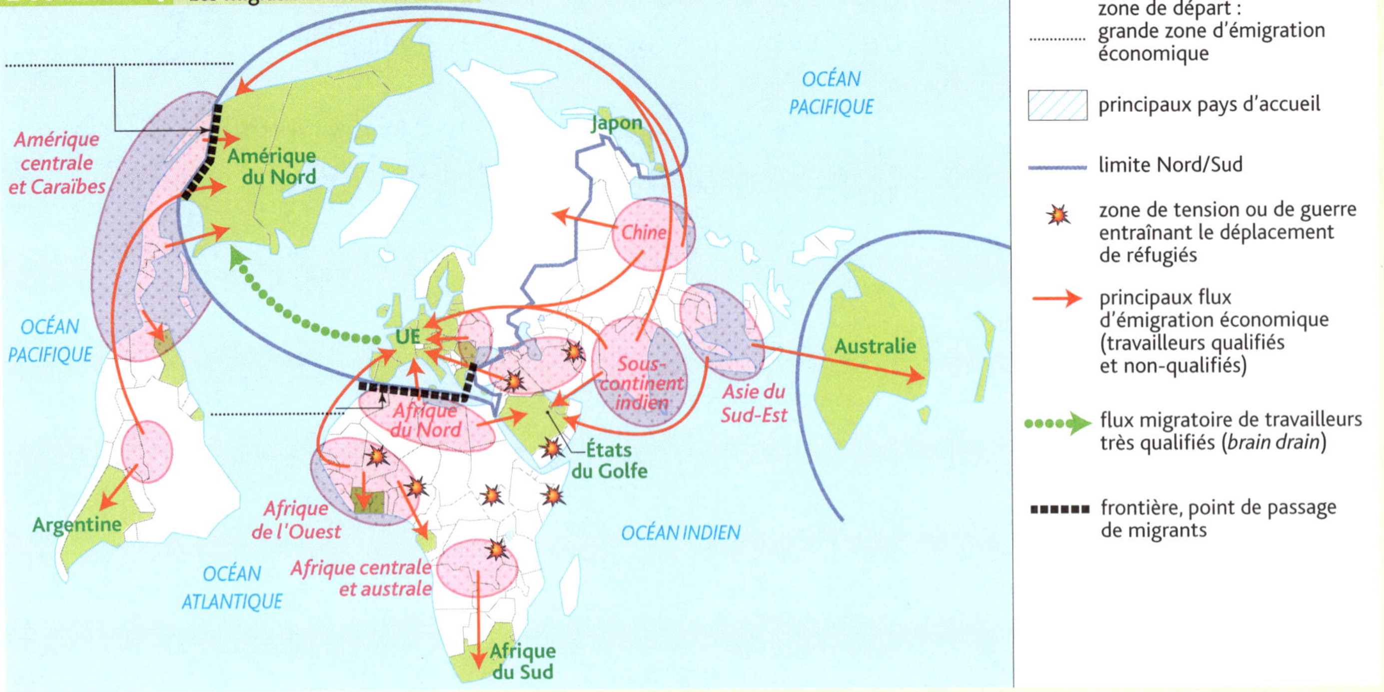

7 Complétez la légende de la carte 4.

8 Citez un exemple de migration :

• Sud-Nord : ....

• Sud-Sud : ....

9 Selon la légende, tracez sur la carte la frontière étudiée en classe, puis écrivez son nom.

Document 5 Les États-Unis

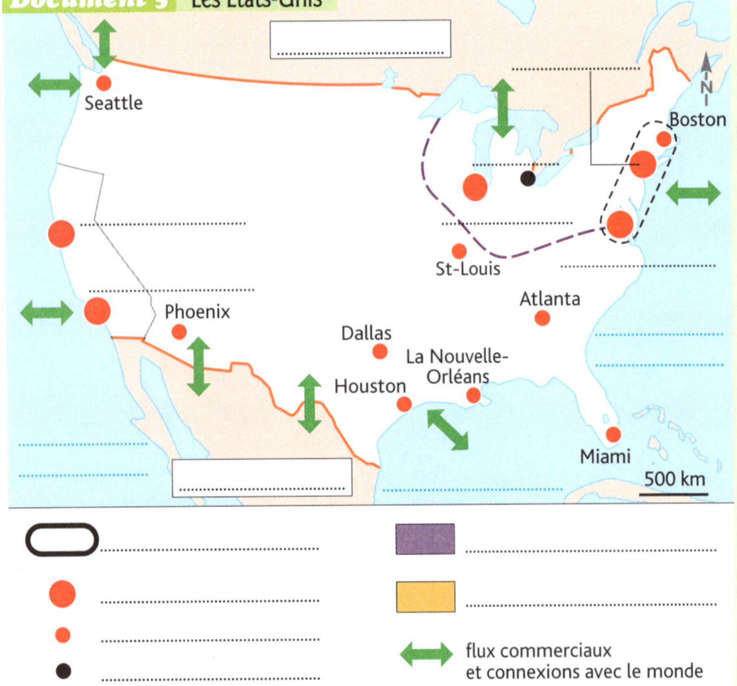

10 Sur la carte 5, écrivez :

- le nom des deux pays frontaliers des États-Unis ;
- le nom des océans et du golfe qui bordent leur territoire ;
- le nom des villes mondiales : New York • Washington • Los Angeles • Chicago et San Francisco. Repassez en noir la mégalopole.

11 Localisez Detroit et écrivez son nom.

12 Coloriez en violet la *Rust Belt*, en orange la Californie.

13 Complétez la légende.

Document 6 Les grands ensembles géographiques africains

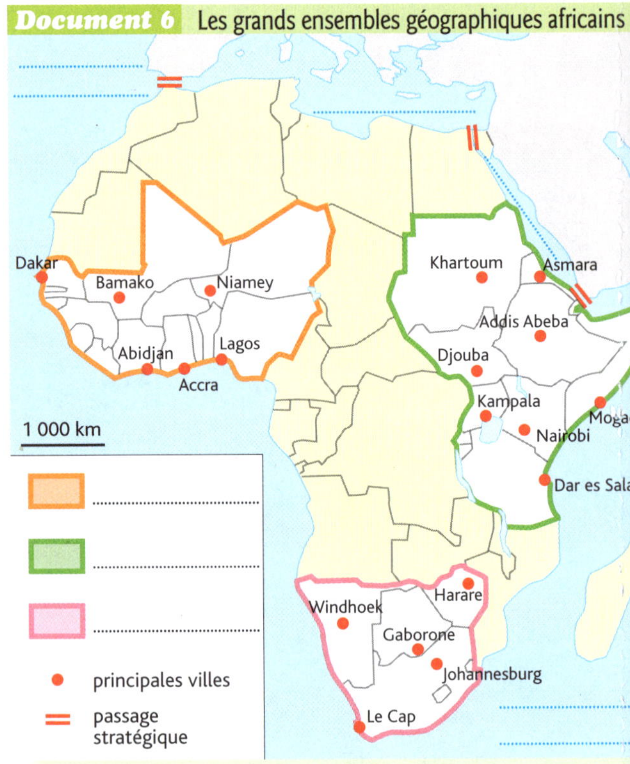

14 Sur la carte 6, écrivez :

- le nom des océans et des mers ;
- le nom d'un État étudié.

15 Coloriez l'ensemble géographique étudié selon la légende.

16 Complétez la légende en écrivant les noms des ensembles étudiés.

Libertés et droits fondamentaux

? *Quels sont les droits et libertés garantis et comment ont-ils été obtenus ?*

1 Soulignez le nom du texte qui établit la liberté et l'égalité pour la première fois en France. À quelle date a-t-il été rédigé ?

....

2 Dans le tableau ci-contre, écrivez la lettre de l'article correspondant aux principaux droits et libertés garantis par les textes fondamentaux.

3 D'après le règlement de votre collège, quels droits et libertés vous sont reconnus ?

....

....

....

....

....

Document 1 Droits et libertés garantis en France

1789 Déclaration des droits de l'Homme et du citoyen

A « **Art. 1.** Les hommes naissent et demeurent libres et égaux en droits [...]. »

B « **Art. 4.** La liberté consiste à pouvoir faire tout ce qui ne nuit pas à autrui [dans le cadre de] la loi. »

C « **Art. 10.** Nul ne doit être inquiété pour ses opinions, même religieuses. »

D « **Art. 11.** [...] Tout citoyen peut parler, écrire, imprimer librement [dans le cadre de] la loi. »

1946 Préambule de la Constitution de la IVe République

E « **4.** Tout homme persécuté en raison de son action en faveur de la liberté a droit d'asile sur les territoires de la République. »

F « **13.** La Nation garantit l'égal accès de l'enfant et de l'adulte à l'instruction [...]. »

1948 Déclaration universelle des droits de l'Homme

G « **Art. 13.** Toute personne a le droit de circuler librement [...]. »

H « **Art. 9-1.** Toute personne a droit à la liberté de pensée, de conscience et de religion [dans le cadre de] la loi. »

I « **Art. 10-1.** Toute personne a droit à la liberté d'expression. Ce droit comprend la liberté d'opinion, et la liberté de recevoir et de communiquer des informations et des idées [dans le cadre de] la loi. »

J « **Art. 11-1.** Toute personne a droit à la liberté de réunion et d'association. »

LES PRINCIPAUX DROITS ET LIBERTÉS

Principe de la liberté ▶	Définition de la liberté ▶	Droit à l'instruction ▶ ....
Liberté de religion ▶	Liberté d'expression ▶	Liberté de réunion ▶ ....
Liberté d'opinion ▶	Liberté de circuler ▶	Droit d'asile ▶ ....

Document 2 Le combat des femmes pour le droit de vote

1908

Les suffragettes envahissent une section de vote et s'emparent de l'urne (Une du *Petit Journal*, 17 mai).

1934

Louise Weiss argumente en faveur du droit de vote des femmes.

« Vous payez des impôts. Or, vous n'êtes pas consultées sur l'emploi des fonds que vous versez ainsi au budget. Pourtant de ce budget dépendent les problèmes qui intéressent votre sort et celui de vos enfants, les traitements, les pensions, l'instruction publique et toutes les mesures relatives à la défense nationale, la paix ou la guerre. Votre argent est utile à la France. Votre opinion ne l'est-elle donc pas ? Exigez le droit de vote. »

Extrait d'une affiche de l'association « La femme nouvelle », 1934.

1944

Ordonnance du 21 avril

« Titre IV

Élections,

Art. 16. Lorsque, dans un département, l'établissement des listes électorales est terminé, le préfet convoque le collège électoral pour procéder aux élections des municipalités et d'un conseil général provisoire.

Art 17. Les femmes sont électrices et éligibles dans les mêmes conditions que les hommes. »

4 D'après le document 2, en quelle année les femmes ont-elles obtenu le droit de vote ? ....

5 Quelle liberté les femmes ont-elles acquise avec le droit de vote ? ....

6 À l'aide des documents, montrez que les femmes ont dû lutter pour obtenir le droit de vote. ....

....

Compétences

Socle 3 Le jugement

Une liberté d'expression encadrée

Fiche 63

Pourquoi est-il nécessaire d'encadrer la liberté d'expression ?

Document 1 La Convention internationale des droits de l'enfant (1989)

« **Art. 13. 1.** L'enfant a droit à la liberté d'expression. Ce droit comprend la liberté de rechercher, de recevoir et de répandre des informations et des idées de toute espèce, sans considération de frontières, sous [toute] forme [...].
2. L'exercice de ce droit ne peut faire l'objet que des seules restrictions qui sont prescrites par la loi [...]. »

1 Dans le document 1, entourez la liberté que tout enfant a le droit d'exercer.

2 D'après le texte, qu'est-ce qui peut limiter cette liberté ?

....

3 D'après les documents 1 et 2, un enfant a-t-il le droit de créer un blog ? Quels sont les avantages d'un blog ?

....

....

....

....

....

....

Document 2 Extrait du guide pratique « Internet et moi »

Je Blogue

UN JOURNAL PAS INTIME DU TOUT

Le blog est un site facile à créer. Grâce à lui, tu peux t'exprimer sur ce que tu veux et permettre à tous tes lecteurs de réagir en laissant des commentaires, comme sur les forums de discussions. Formidable pour faire partager ses expériences, ses goûts et ses passions ! Un peu comme un journal, mais qui ne serait pas intime du tout puisque tout le monde – ami(e)s, parents, profs, inconnus – peut lire ce que tu y publies. Evite donc d'y donner des informations trop personnelles (adresse, numéro de téléphone, messagerie instantanée...).

Attention, tu ne peux pas tout mettre sur ton blog. Tu es responsable de tout ce qui s'y trouve : les images comme les textes, y compris les commentaires des internautes ! Tu dois donc contrôler régulièrement ce que les autres y écrivent. Toi aussi, veille à respecter la loi, en particulier **le droit à la propriété intellectuelle.** Si tu ne le fais pas, tu peux être poursuivi(e) et tes parents tenus de payer des dommages et intérêts aux auteurs des œuvres utilisées sans leur accord. Mais rien ne t'empêche de mettre à la place tes propres créations ou celles d'artistes diffusant gratuitement leur travail avec des **"licences libres".** Tu dois aussi respecter les autres et leur **droit à l'image.** Si ce n'est pas le cas, prends les devants et demande à ceux dont tu as publié la photo s'ils sont d'accord : tu dois être prêt(e) à retirer ces photos s'ils le réclament.

En dehors de quelques exceptions, les musiques, paroles de chansons, vidéos, dessins et photographies ne peuvent être diffusés sans l'autorisation de leur auteur.

Pour en savoir +, lis p. 8.

Pour publier la photo d'un copain, d'un prof ou de n'importe qui d'autre, tu dois obtenir son autorisation écrite ou celle de ses parents s'il s'agit d'un(e) mineur(e).

6

4 Quels sont les devoirs d'un blogueur ?

....

....

5 Que risque-t-on si on ne respecte pas toutes ces obligations ?

....

....

6 Donnez trois arguments pour justifier l'encadrement de la liberté d'expression.

....

....

Compétences

Socle 3 Le jugement

Le droit de réunion et d'association

? *Quels sont les droits collectifs et leurs limites ?*

Document 1 La Convention européenne des droits de l'Homme de 1950 (extraits)

« **Art. 11.** Liberté de réunion et d'association.
1. Toute personne a droit à la liberté de réunion pacifique et à la liberté d'association [...].
2. L'exercice de ces droits ne peut faire l'objet d'autres restrictions que celles qui, prévues par la loi, constituent des mesures nécessaires, dans une société démocratique, à la sécurité nationale, à la sûreté publique, à la défense de l'ordre et à la prévention du crime, à la protection de la santé ou de la morale, ou à la protection des droits et libertés d'autrui. »

Document 2 Qu'est-ce qu'une association ?

« Une association est un groupement de personnes volontaires réunies autour d'un projet commun ou partageant des activités, mais sans chercher à réaliser de bénéfices. Elle peut avoir des buts très divers (sportif, défense des intérêts des membres, humanitaire, promotion d'idées ou d'œuvres...). La liberté d'association n'a été réellement acquise qu'avec la loi Waldeck-Rousseau du 1er juillet 1901 sur le contrat d'association. Pour créer une association, il suffit qu'au moins deux personnes se mettent d'accord sur son objet. Ils en rédigent les statuts, qui précisent l'objet, les organes dirigeants et la personne habilitée à représenter l'association, et indiquent le siège social ou son adresse. »

Site Internet www.vie-publique.fr, 2016.

Document 3 La Fête des associations

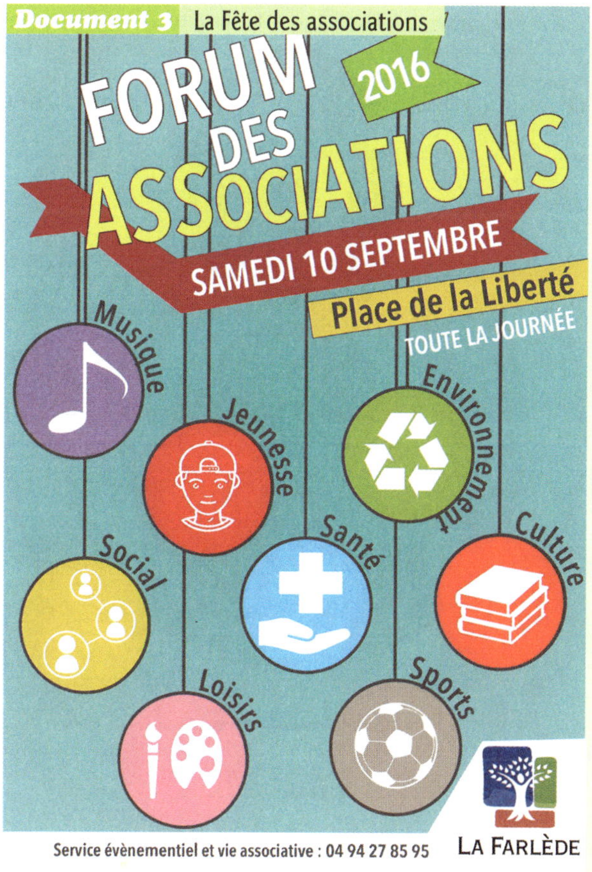

Chaque année, la Fête des associations se déroule partout en France le 10 septembre. Ce rendez-vous est l'occasion de découvrir la richesse du tissu associatif dans de nombreux domaines, comme ici avec le Forum des associations à La Farlède, une commune du Var.

1 Quelle est la nature et la date du document 1 ?

....

....

2 Entourez les deux libertés garanties par l'article 11.

3 Qu'est-ce qui limite ces libertés ?

....

4 Soulignez les restrictions à ces libertés prévues par la loi.

5 Dans le document 2, entourez la définition d'une association.

6 Quand et par quelle loi cette liberté a-t-elle été proclamée ?

....

....

7 Soulignez le passage indiquant les modalités de création d'une association.

8 À quelle occasion cette affiche a-t-elle été réalisée et quel est son objectif ?

....

....

9 Comment cette affiche illustre-t-elle la diversité des domaines d'action des associations ?

....

....

10 Selon vous, pourquoi les droits de réunion et d'association favorisent-ils la vie démocratique ?

....

....

....

....

Compétences

Socle 3 — Le droit et la règle
Socle 3 — La sensibilité

Créer une affiche pour la défense de la liberté

Fiche Projet 1

EMC / Arts plastiques / Français

Document 1 Deux citations à propos de la liberté

« Il n'est point de bonheur sans liberté, ni de liberté sans courage. »
Périclès, homme politique athénien (495- 425 av. J.-C.)

« La liberté commence où l'ignorance finit. »
Victor Hugo, écrivain français, (1802-1885)

Document 2 Des artistes engagés pour la liberté

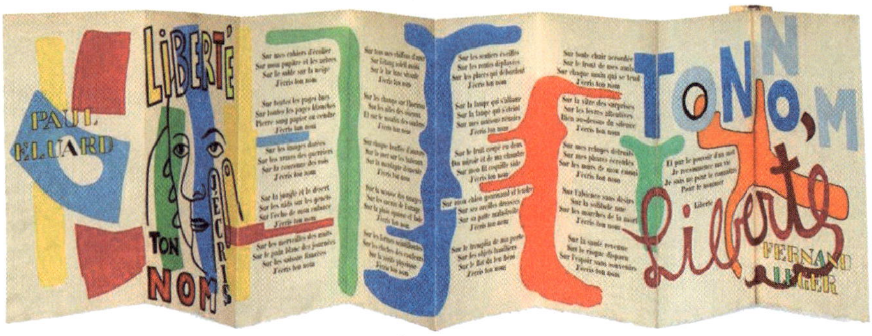

Liberté de Fernand Léger illustrant le poème de Paul Éluard, « Liberté » (1942), texte qui fut parachuté par la Royal Air Force (aviation anglaise) sur la France occupée par les nazis.

Lithographie de Pablo Picasso (1881-1973), que le peintre offrit à Amnesty International, ONG qui défend les droits de l'homme.

1 D'après les documents 1 et 2, qu'est-ce qui montre que la liberté est un sujet de réflexion pour les hommes depuis longtemps ?

....

....

2 Selon Périclès, quelle valeur est indispensable à la liberté ? Pourquoi ?

....

....

3 Que permet la liberté obtenue ?

....

....

4 Selon Victor Hugo, quelle est la condition pour être libre ? Pourquoi ?

....

....

5 Dans le document 2, comment les deux artistes illustrent-ils la liberté ?

....

....

....

....

....

DÉMARCHE PROJET Créer une affiche

À l'aide de vos réponses aux questions, créez une affiche pour la défense de la liberté.
Par petits groupes :

1. **préparez le slogan :** listez les mots qui évoquent la liberté. Le slogan doit être court et percutant.
2. **choisissez l'illustration :** recherchez les symboles et figures de la liberté pour vous en inspirer.

! Pensez à varier la typographie (caractères des lettres, taille, gras, couleurs, orientation du texte...).

Compétences

Socle 3 — La sensibilité

Réaliser une revue de presse sur la liberté de la presse

EMC / Français / CDI

Fiche Projet 2

Je définis

La **Une** est la première page d'un journal qui présente la ou les information(s) importante(s) du jour et l'image du journal.

1 Sur le document, écrivez les numéros des différents éléments composant cette Une :

❶ **Le bandeau** : placé tout en haut dans la page, il occupe généralement toute la largeur du journal.

❷ **La manchette** comprend le nom du journal, le logo, le prix, la date, le numéro, le site Internet et la tribune, c'est-à-dire le titre du jour.

❸ **Les oreilles** *(× 2)* : sur les côtés, elles présentent des titres d'articles et renvoient aux pages intérieures.

❹ **Les publicités** *(× 2)*, placées sur le côté ou en pied de page.

❺ **La sous-tribune** : autre titre important ou un éditorial.

❻ **Le ventre** : partie située au milieu de la page, elle met en valeur la tribune ou la sous-tribune par une photographie, une illustration ou un dessin de presse.

2 Comparez la Une d'un journal papier avec sa version en ligne et décrivez les différences d'organisation et de présentation.

....

....

....

....

Document La « Une » d'un journal régional

Social
Grèves, manifs : le privé et le public mobilisés aujourd'hui
P.2 et 3
Concert
Dimanche à Rodez, Patrick Fiori prépare des surprises
P.5
Centre Presse
le journal de l'Aveyron
jeudi 9 avril 2015
n° 99 - 0,95 € - www.centrepresseaveyron.fr
Des femmes toujours plus volontaires chez les pompiers
Aveyron Elles sont nombreuses à s'engager chaque année, féminisant de plus en plus les centres de secours. Le département fait figure d'exemple en la matière. P.4
IMMO de FRANCE
Locations Logements
sans frais d'agence
Agence Rodez
05 65 73 71 00
Martiel
Les parents d'élèves ne désarment pas pour sauver un poste à l'école
Formation
Un salon à Albi pour orienter les lycéens aveyronnais
Le musée Soulages enfin ouvert tous les jours de l'été
Dès samedi, les trois musées ruthénois bénéficieront de nouveaux tarifs et d'une amplitude horaire plus adaptée à l'affluence touristique. Au plus fort de l'été, Soulages et Fenaille seront ainsi ouverts sept jours sur sept. P.17
Football
Nicolas Bach quitte les Ruthénoises
Après deux saisons au plus haut niveau, l'entraîneur des féminines va mettre un terme à son aventure à Rodez. Il fait le point sur son parcours entre regrets et réussites.
P.16
Justice
Un dispositif pour amplifier l'accès au droit sur tout le département
P.3
La brouille familiale se termine à la barre
P.3
retrouver le lien avec la nature
DUBOR Centre d'Audition
10, boulevard Gambetta - RODEZ
23, boulevard J.-Poulenc - ESPALION
L'audition, c'est entendre
France
110 propositions pour prévenir la radicalisation jihadiste
P.8
Le Front national « tuera-t-il le père » ?
P.8

3 La liberté de la presse est garantie en France par la loi du 29 juillet 1881.
Montrez, par un exemple de votre revue de presse, que la diversité des opinions est présente dans les médias.

....

....

....

....

....

....

....

....

....

DÉMARCHE PROJET Réaliser une revue de presse

À l'aide de vos réponses aux questions, réalisez une revue de presse. Par petits groupes :

❶ **choisissez** différents journaux et/ou sites Internet du même jour.

❷ **sélectionnez** les informations importantes à la Une de chacun.

❸ **rédigez** la revue de presse :

- Citez vos sources : titre de l'article, nom du journal, nom du journaliste, précision sur le journal (publication nationale, régionale, locale, périodicité).
- Indiquez les points communs et les différences dans le traitement de la même information (place, longueur, tonalité, illustration...).

Compétences

Socle 3 Le jugement

Le droit définit des règles communes

? Qu'est-ce que le droit et quel est son rôle dans la société ?

Document 1 Définition du droit

Le droit est un ensemble de lois et règles destinées à organiser la vie en collectivité. Elles sont donc formulées de manière générale, sans concerner personne en particulier, mais en visant toutes les personnes qui forment la société.
En France, ces lois et règles juridiques sont établies par le gouvernement et le Parlement, en respectant la Constitution et sont destinées au maintien de l'ordre et de la sécurité. Ces lois et règles sont regroupées en différents codes.

Document 2 Les différents rôles de la loi

A. « Le port du casque est obligatoire pour tout conducteur ou passager d'un deux-roues motorisé (article R431-1 du code de la route). Cependant, pour être efficace, le casque doit être bien ajusté, et surtout bien attaché. En effet, les blessures à la tête sont la cause principale de handicap et de décès parmi les motocyclistes. »

« Le droit définit des règles communes », www.securite-routiere.gouv.fr, 2017.

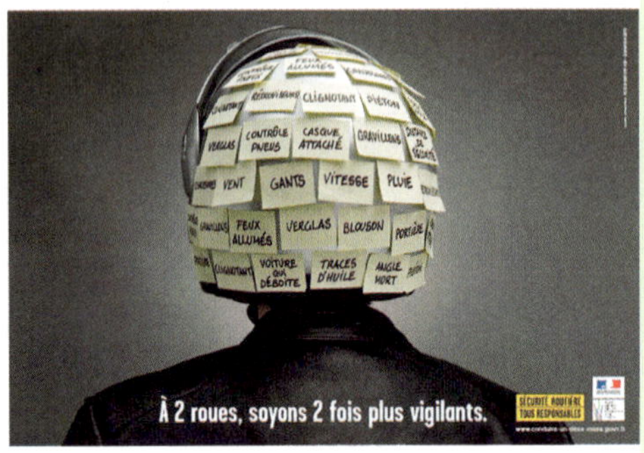

B. « Selon l'article L3511-7 du Code de la Santé Publique il est interdit de fumer dans les lieux affectés à un usage collectif sauf dans les emplacements prévus à cet effet (les "zones fumeurs"). Ceci inclut les bâtiments publics, les établissements scolaires, les cafés et restaurants, les transports en commun, les lieux de travail. »

C. « La loi n° 2015-300 du 18 mars 2015 du Code de l'action sociale et des familles vise à autoriser le stationnement gratuit des personnes en situation de handicap : "La carte de stationnement pour personnes handicapées permet à son titulaire ou à la tierce personne l'accompagnant d'utiliser, à titre gratuit et sans limitation de la durée de stationnement, toutes les places de stationnement ouvertes au public." »

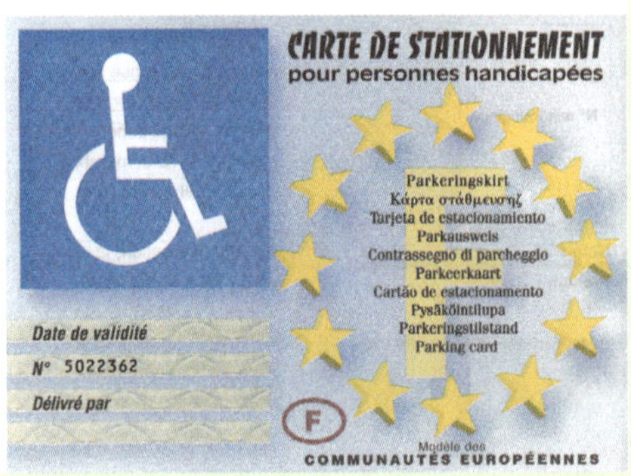

1 Dans le document 1, soulignez la définition du droit.

2 Qui établit les lois et règles qui s'appliquent aux membres d'une société ?

....

....

3 Que doivent-ils respecter ?

....

....

4 Dans les documents 2A, B et C, soulignez le nom de chaque code d'où sont extraits ces trois articles de loi.

5 Entourez ce que décide chacun de ces articles de lois.

6 Indiquez quel est l'objectif de chacun d'eux :

A. ....

....

B. ....

....

C. ....

....

7 À l'aide des différents documents, expliquez pourquoi les lois sont nécessaires à la vie en collectivité.

....

....

....

....

....

....

8 Dans le règlement intérieur de votre collège, citez trois articles portant sur :

- une obligation des élèves : ....

....

- une interdiction faite aux élèves : ....

....

- une autorisation faite aux élèves : ....

....

Compétences

Socle 3 — Le droit et la règle

Les différends entre personnes : du duel au procès

Fiche 66

Quel est le rôle de la justice dans le règlement des conflits entre personnes ?

Document 1 Un duel pour régler un conflit

Longtemps, les duels ont été fréquents pour régler les conflits entre individus (atteintes à l'honneur, jalousie, rivalités politiques, injures...), en particulier sous la IIIe République jusqu'à la Première Guerre mondiale.

En juillet 1888, Charles Floquet, alors président du Conseil (Chef du gouvernement) est attaqué à la Chambre des députés par le général Boulanger, qui réclame sa démission. L'animosité entre les deux hommes est forte, et leurs échanges agressifs et virulents. Le 12 juillet, ils s'affrontent lors d'un duel à l'épée, dans un parc de Neuilly, en présence de leurs témoins respectifs. Au grand étonnement de tous, le général Boulanger est touché et battu.

L'ILLUSTRATION

Prix du Numéro : 75 cent. SAMEDI 21 JUILLET 1888 46e Année. — N° 2369.

LE DUEL DE M. FLOQUET ET DU GÉNÉRAL BOULANGER

Une du journal *L'Illustration*, 21 juillet 1888.

1 Dans le texte (doc. 1), entourez les noms des deux protagonistes de cette affaire.

2 Soulignez le passage montrant la violence de leur opposition.

3 D'après le texte et la Une du journal, comment règlent-ils leur conflit ?

....

4 Sur l'image, identifiez les deux duellistes :
Ⓐ Floquet et ses témoins Ⓑ Boulanger et ses témoins

5 Recherchez une définition du terme « duel ».

....

....

Document 2 La justice pour régler un conflit

Conflit politique entre un maire, Monsieur X, et un député, ancien conseiller municipal, Monsieur Y :

Dans son éditorial publié dans le bulletin municipal en juin 2011, le maire avait reproché à Monsieur Y, conseiller municipal et premier adjoint, un manque d'assiduité à des séances budgétaires et pointé une "utilisation abusive des moyens publics". Ce dernier avait poursuivi en justice le maire pour propos diffamatoires. Monsieur X a été relaxé[1] hier par le tribunal correctionnel de Nanterre.

D'après *Le Parisien*, 5 décembre 2012.

1. Être déclaré non-coupable à l'issue de son procès.

6 Dans le document 2, soulignez les fonctions des deux protagonistes de cette affaire.

7 Pourquoi sont-ils en conflits ?

....

....

8 Quelle action l'adjoint a-t-il entrepris contre le maire ?

....

9 Entourez la décision rendue par la justice.

10 À l'aide des documents 1 et 2, montrez l'évolution du règlement des conflits entre individus.

....

....

Compétences

Socle 3 Le droit et la règle

La justice garantit le respect du droit

? *Comment la justice est-elle organisée pour garantir le respect du droit ?*

Document 1 Les grands textes fondateurs des principes de la justice en France

A. Déclaration des droits de l'Homme et du Citoyen, 1789

« **Art. 6.** La loi […] doit être la même pour tous, soit qu'elle protège, soit qu'elle punisse. » ●

« **Art. 8.** […] Nul ne peut être puni qu'en vertu d'une loi établie et promulguée antérieurement au délit, et légalement appliquée. » ●

« **Art. 9.** Tout homme est présumé innocent jusqu'à ce qu'il ait été déclaré coupable. […] » ●

B. Déclaration universelle des droits de l'Homme, 1948

« **Art. 2-1.** Toute personne déclarée coupable d'une infraction pénale par un tribunal a le droit de faire examiner son cas par une juridiction supérieure […]. » ●

« **Art 5.** Nul ne sera soumis à la torture, ni à des peines ou traitements cruels, inhumains ou dégradants. » ●

« **Art. 10.** Toute personne a droit, en pleine égalité, à ce que sa cause soit entendue équitablement et publiquement par un tribunal indépendant et impartial […]. » ●

« **Art. 11.** Toute personne accusée d'un acte délictueux [a droit à] un procès public où toutes les garanties nécessaires à sa défense lui auront été assurées. » ●

Les principes de la justice

- Présomption d'innocence
- Droit à un procès équitable et impartial / Procédure contradictoire
- Pas de rétroactivité des lois
- Respect des droits de la défense
- Égalité devant la loi
- Droit de faire appel d'une décision de justice (voies de recours)
- Droit à la dignité humaine

1 Reliez chaque article du document 1 au principe fondamental correspondant.

Document 2 Les missions de la justice

« Les missions de la justice sont de trois ordres : protéger, sanctionner les comportements interdits et arbitrer les conflits entre personnes.
Dans un État de droit [elle assure] le respect du droit par tous et [sanctionne] les infractions à la loi. »

« La justice garantit le respect du droit », www.ado.justice.gouv.fr, 2017.

Document 3 L'organisation de la justice en France

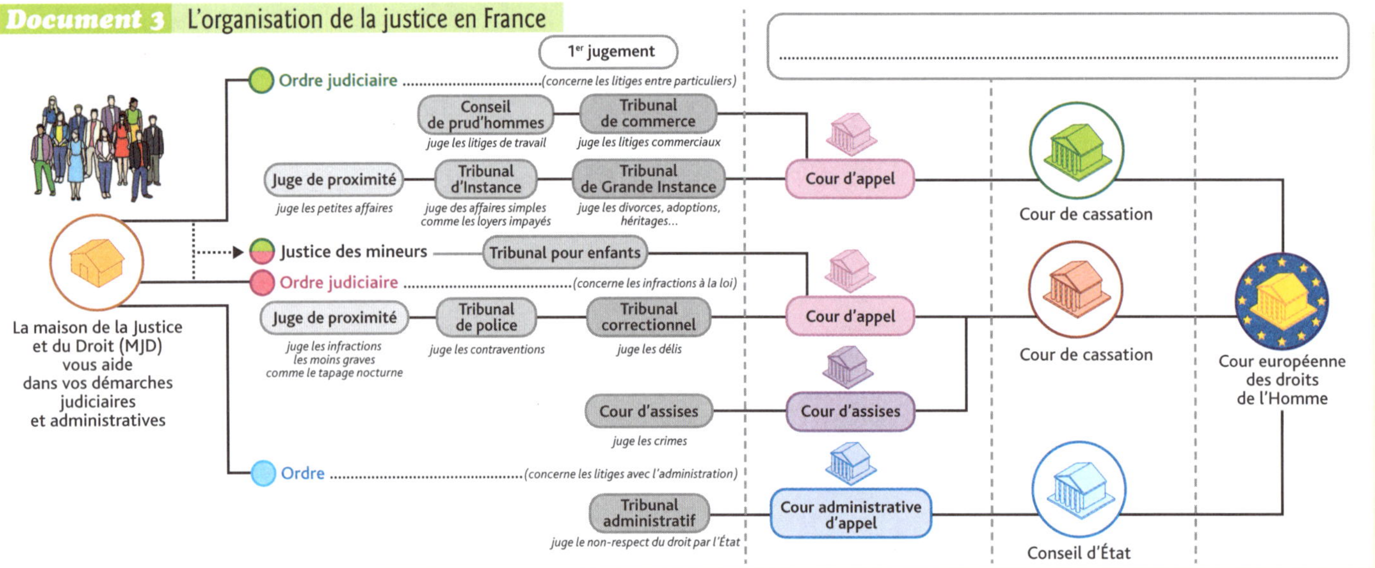

2 Dans le document 2, soulignez :
- en rouge, les trois missions de la justice ;
- en vert, ce qu'elle est chargée d'assurer.

3 Complétez le schéma en écrivant, dans la couleur qui convient, le nom des trois ordres judiciaires :
Civil • Pénal • Administratif

4 Dans quels ordres judiciaires le tribunal pour enfants est-il compétent ?

....

5 Quel ordre judiciaire est compétent pour juger les infractions à la loi ?

....

....

6 Écrivez dans la case qui convient : Voies de recours.
Après un premier jugement, combien y a-t-il de voies de recours possibles ?

....

Compétences

Socle 3 Le droit et la règle ○ ○ ○ ○

Le droit du travail garanti par la justice

Qui rend la justice en matière de droit du travail et comment ?

Document 1 Le conseil de prud'hommes

En France, le conseil de prud'hommes est une juridiction spécialisée, créée en 1806, pour arbitrer et juger les litiges individuels au travail entre employés et employeurs (licenciement, congés, salaires...).
Les conseillers prud'homaux – près de 15 000 – sont des juges non professionnels issus du monde du travail. Jusqu'alors élus pour 5 ans, ils seront, à partir de 2017, nommés pour 4 ans par arrêté du Garde des Sceaux et du ministre du Travail, sur proposition des organisations syndicales et patronales représentatives.

Document 2 La nouvelle organisation des prud'hommes

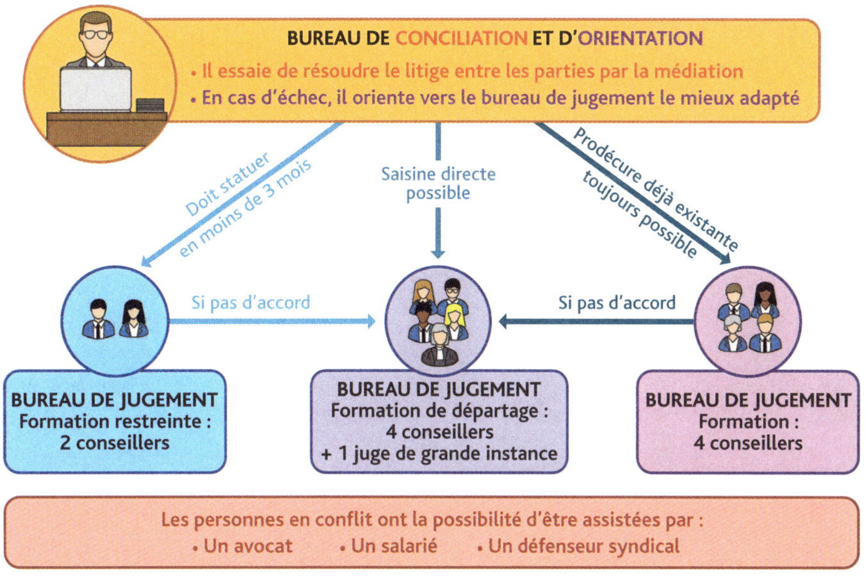

Depuis 2016, une réforme est intervenue afin d'accélérer les procédures qui étaient jusqu'ici très longues (jusqu'à 28 mois en moyenne).

1 D'après le document 1, quel est le rôle du conseil de prud'hommes ?

....

....

2 Soulignez qui sont les conseillers prud'homaux, comment ils sont nommés et pour quelle durée.

3 D'après le document 2, pourquoi a-t-on réformé l'organisation des prud'hommes ?

....

....

....

4 Soulignez les deux missions du bureau de conciliation et d'orientation.

5 Combien y a-t-il de procédures possibles ?

....

6 Entourez le bureau de jugement qui statue en cas de désaccord entre les parties.

7 Dans le document 3, entourez à quoi le groupe Altran est condamné et la raison de cette condamnation.

8 Par qui ont été assistés les salariés plaignants ?

....

....

Document 3 Un jugement de conseil prud'homal

« Le conseil de prud'hommes de Toulouse a condamné jeudi le groupe de conseil en technologies Altran à verser "entre 4 et 5 millions d'euros" à 300 ingénieurs environ pour non-paiement d'heures supplémentaires. "C'est une victoire", s'est félicitée Me Cécile Robert, avocate des employés plaignants.
Altran a aussitôt annoncé qu'il allait faire appel de cette condamnation. "C'est une victoire syndicale", s'est félicité Loïc Deschamps, délégué syndical central CGT à Altran Technologies.
Ce jugement sera suivi d'autres audiences dans sept conseils de prud'hommes, à Strasbourg, Lyon, Rennes, Versailles, Nanterre, Aix-en-Provence et à nouveau Toulouse, entre février et mai prochains, a précisé Mme Robert. Entre 2015 et 2016, environ mille salariés et anciens salariés d'Altran ont saisi la justice sur ce sujet, dont 500 à Toulouse, a indiqué M. Deschamps.
Ces nouvelles saisies interviennent après un arrêt de la Cour de cassation qui, le 4 novembre 2015, a confirmé la condamnation d'Altran à payer en moyenne 30 000 euros de rappel d'heures supplémentaires à 21 salariés d'Altran Sud-Ouest. »

AFP, 12 janvier 2017.

9 Quelle est la décision d'Altran face à cette condamnation ?

....

....

10 Soulignez le passage montrant que cette affaire est loin d'être terminée.

Compétences

Socle 3 | Le droit et la règle

Le fonctionnement de la cour d'assises

? *Comment les infractions les plus graves sont-elles jugées en cour d'assises ?*

Document 1 Le déroulement d'un procès en cour d'assises

La cour d'assises juge les crimes, infractions les plus graves en droit pénal (meurtre, assassinat, viol, violences ayant entraîné la mort sans intention de la donner, braquage).

En mars 2015, M. Durand est accusé d'avoir assassiné son épouse. Un juge d'instruction instruit l'affaire. Il saisit la cour d'assises de Toulouse qui va juger M. Durand en première instance.
À l'entrée des **trois juges professionnels** ❶ (le président et ses deux assesseurs), **le public et la presse** ❷ se lèvent. Les **6 jurés** ❸ prêtent serment.
Le président présente l'**accusé** ❹, encadré de **policiers** ❺.
Le **greffier** ❻ lit l'ordonnance de mise en accusation : "meurtre avec préméditation". L'accusé, les témoins et experts, les gendarmes qui ont mené l'enquête font leur déposition, puis sont interrogés par les avocats, la Cour ou le **procureur de la République** ❼.
À la fin de l'audience, le procureur prononce son réquisitoire et réclame, au nom de l'État, une peine de 20 ans de prison. Suivent les plaidoiries des **avocats de la famille (partie civile)** ❽ et celle de l'**avocat de la défense** ❾.
Jurés et juges se retirent pour délibérer. Ils déclarent M. Durand coupable. Il est condamné à 18 ans de prison. M. Durand et la partie civile ont 10 jours pour faire appel du jugement.

1 D'après le document 1, quel type d'infractions la cour d'assises juge-t-elle et qui la saisit ?

....

....

2 De quoi M. Durand est-il accusé ?

....

....

3 Qui dirige les débats dans la cour d'assises ?

....

....

4 Qu'est-ce qui montre que les débats sont équitables et contradictoires ?

....

....

....

5 Qui réclame une peine au nom de l'État ?

....

6 Qui décide de la culpabilité de l'accusé et de la peine à lui appliquer ?

....

....

....

7 Sur le document 1, soulignez la peine à laquelle l'accusé est condamné.

8 Quel est le droit du condamné et de la partie civile ?

....

....

9 À l'aide du document 1, complétez le document 2 en écrivant les numéros correspondants aux personnes présentes dans une cour d'assises.

Document 2 La cour d'assises

Compétences

Socle 3 — Le droit et la règle

La justice des mineurs

Fiche 70

Comment la justice des mineurs est-elle rendue par le juge des enfants ?

Document 1 Les deux missions du juge des enfants

« Je suis une magistrate qui a une première mission : protéger les mineurs en danger. J'interviens lorsque la santé, la sécurité, ou la moralité d'un enfant sont menacées ou encore lorsque les conditions de son éducation semblent compromises. À ce titre, je prononce des mesures éducatives, comme le suivi de la famille par un éducateur, le placement provisoire en famille d'accueil ou dans une institution spécialisée. Je peux être saisie par les parents, la personne ou le service à qui l'enfant a été confié, le tuteur, le mineur lui-même ou le ministère public. »

« Ma deuxième mission est de juger les mineurs délinquants.
J'instruis les affaires et juge les mineurs en infraction dans le respect de leurs droits (information des parents, examen médical, avocat). Dans les cas les moins graves, je juge seule dans mon cabinet et peux prononcer entre autres des mesures éducatives.
Dans les cas les plus graves, comme les délits et crimes impliquant des mineurs de 13 à 16 ans, je préside le tribunal pour enfants, assistée de deux assesseurs non professionnels. Le tribunal peut prononcer des sanctions éducatives et/ou des condamnations, y compris le placement en détention.
Pour les mineurs criminels de plus de 16 ans, c'est la cour d'assises des mineurs qui les juge à huis clos. »

1 Dans le document 1, entourez les deux missions du juge des enfants.

2 Soulignez en vert les mesures qu'il peut prendre pour protéger les mineurs.

3 D'après le texte, qui juge les mineurs délinquants :

- Dans les cas les moins graves ?

....

- Dans les cas graves impliquant des mineurs de 13 à 16 ans ?

....

- Dans les cas graves impliquant des mineurs de plus de 16 ans ?

....

4 Dans le texte, soulignez en rouge la phrase montrant que la justice doit respecter les droits des mineurs.

5 À l'aide du document 1 et de vos réponses aux questions 1 à 4, écrivez, pour chaque cas du document 2, qui est chargé de prendre des mesures.

6 Dans chacun des cas, soulignez les mesures prises.

Document 2 Une justice des mineurs adaptée selon les cas

....

CAS 1

Une jeune collégienne de 15 ans est très souvent absente et a des difficultés scolaires. Inquiets, ses professeurs alertent l'infirmière et l'assistante sociale. Une enquête sociale montre que la mère, seule à élever ses enfants, est souvent absente pour son travail. La collégienne devait garder ses deux petits frères qui présentent un retard scolaire et souffrent d'un défaut de soins. Alerté, le juge des enfants auditionne la famille et décide de la placer dans un foyer de l'aide départementale à l'enfance et de confier ses petits frères à leurs grands-parents.

....

CAS 2

Une adolescente de 14 ans a volontairement dégradé le jardin de ses voisins. Après une admonestation[1], elle est condamnée à réparer les dégâts commis et devra réapprendre à respecter les règles de vie en société avec l'aide d'un éducateur.

1. Réprimande solennelle du juge des enfants adressée à un mineur délinquant.

....

CAS 3

Un adolescent de 15 ans a été arrêté pour racket. Le juge des enfants ordonne des investigations sur sa personnalité et son environnement familial et social. Il est condamné à quatre mois de prison avec sursis et à 200 € d'amende. Il aura un suivi éducatif.

....

CAS 4

Un adolescent de 17 ans a tué à coups de couteau un camarade de 12 ans. Arrêté par la police, il a reconnu les faits et expliqué pendant sa garde à vue avoir agi à la suite d'une dispute à propos d'un jeu vidéo. Il a été placé en détention provisoire. Plus tard, il est condamné à 8 ans de prison pour meurtre.

Compétences

Socle 3 Le droit et la règle

Écrire et jouer une scène sur le harcèlement scolaire

EMC / Français / CPE / Professeur principal

Document 1 Témoignage de Christophe Lemaître, champion d'athlétisme et parrain de la campagne contre le harcèlement scolaire

« Les premières moqueries ont commencé en CE2. [...] Au collège, cela a viré à la catastrophe. Je n'en parlais pas à la maison. Je ne voulais rien dire. Pourtant, ma famille se rendait bien compte que quelque chose n'allait pas. [...] Ces années de collège ont été un véritable calvaire. On se moquait de moi en permanence. En cours et à la récréation.
Le matin, j'avais toujours une petite appréhension lorsque j'arrivais devant le portail de l'établissement. La peur de croiser ceux qui m'embêtaient. Ils étaient assez nombreux. Ils ne me tapaient pas [...] mais ils se moquaient de ma grande timidité et notamment de mon cheveu sur la langue. Comme je zozotais, j'étais forcément un attardé [...]. C'était difficile à supporter, surtout sur le moment. De nos jours, certains enfants victimes de harcèlement vont jusqu'à mettre fin à leurs jours. [...] Ça n'allait pas fort mais je n'aurais jamais envisagé de me suicider. [...] Parfois même le harcèlement de mes camarades se poursuivait au-delà du collège, [dans la rue]. Je n'osais plus lever le doigt en cours ou répondre aux professeurs. J'étais tellement mal dans ma peau ! »

« Violence à l'école : pour moi, Christophe Lemaître, le collège a été un calvaire », leplusnouvelobs.com, 2 avril 2013.

Document 2 Que dit la loi ?

« Moqueries, vexations, humiliations, insultes répétées... sont les formes du harcèlement scolaire. C'est une violence qui conduit à l'isolement de la victime et à la dégradation de ses conditions de vie. Les auteurs de tels faits, commis dans ou hors de l'établissement, sont punis. Ceux de plus de 13 ans risquent des peines de prison et des amendes. L'âge de la victime et l'utilisation d'Internet constituent des circonstances aggravantes. La loi punit également les menaces de mort et les incitations au suicide. »

D'après www.service-public.fr, 2017.

Document 3 Affiche contre le harcèlement

Meilleure affiche au concours national « Mobilisons-nous contre le harcèlement », avril 2015, www.agircontreleharcelementalecole.gouv.fr.

1 Sur le document 1, entourez qui est C. Lemaître.

2 Soulignez en rouge ce dont il a été victime au cours de sa scolarité.

3 Soulignez en vert ce qu'il a ressenti tout au long de ces années.

4 À l'aide du document 2, montrez qu'il a bien été victime de harcèlement scolaire selon la loi.

....

....

....

....

5 Dans le document 2, soulignez les sanctions prévues par la loi.

6 D'après le document 3, quelle réaction doit avoir :

- Le harcelé : ....
- Le harceleur : ....
- Les témoins : ....

DÉMARCHE PROJET Écrire et jouer une scène

À l'aide de vos réponses aux questions, écrivez, puis jouez une scène sur le harcèlement scolaire. Par petits groupes :

1. **imaginez une situation de harcèlement** mettant en scène : des harceleurs ; un harcelé ; des témoins.
2. **imaginez ensuite votre solution** pour éviter ou mettre fin à cette situation (intervention d'un adulte de l'établissement – CPE, professeur, surveillants... – ou d'autres élèves) ; éventuellement les sanctions prises...
3. **répartissez-vous** les rôles.
4. **jouez** la scène.

Compétences

Socle 3 La sensibilité

Assurer la sécurité des personnes

? *Qu'est-ce que la sécurité et comment la garantir en démocratie ?*

1 D'après le document 1A, qu'est-ce qui limite la liberté dans une démocratie ?

....

....

2 Sur le document 1A, soulignez le but de ces limites.

3 Pourquoi la sécurité est-elle un des principaux droits de l'Homme ?

....

....

4 Complétez le document 2 à l'aide des expressions suivantes : votent • fait respecter les lois • élisent • assurent la sécurité • lutte contre les infractions

5 Dans une démocratie, qui votent les lois ? Par qui sont-ils élus ?

....

....

....

Document 1 La sécurité : un droit de l'Homme fondamental

A. Définition de la sécurité

La liberté est un de nos droits fondamentaux les plus importants et pourtant ce droit est limité dans une démocratie. En effet, si la loi définit des limites à la liberté, c'est pour le bien de tous, pour garantir la sûreté contre les dangers et les menaces, la sécurité des biens et des personnes. Car sans la garantie de sa propre sûreté, on ne peut exercer sa liberté. Ainsi, la sûreté garantit l'exercice des droits et des libertés de la personne et elle est un des principaux droits de l'Homme.

B. Déclaration des droits de l'Homme et du Citoyen (1789)

« **Article 12.** La garantie des droits de l'Homme et du Citoyen nécessite une force publique, cette force est donc instituée pour l'avantage de tous, et non pour l'utilité particulière de ceux à qui elle est confiée. »

Document 2 Garantir la sécurité des personnes et des biens en démocratie

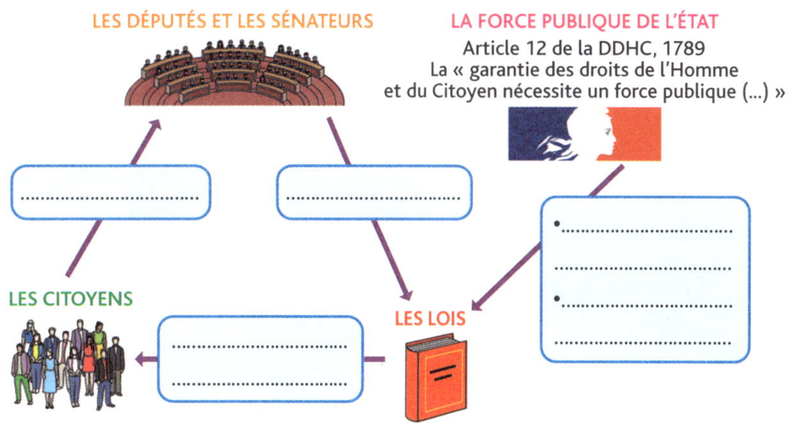

6 D'après l'article 12 de la DDHC (doc. 1B) et le schéma (doc. 2), que nécessite la garantie de la sécurité et des autres droits de l'Homme ?

....

....

7 D'après le document 3, quelles sont les forces de sécurité en action et que font-elles ?

....

....

....

8 À l'aide des documents, montrez qu'en France la sécurité est garantie aux citoyens.

....

....

....

Document 3 La force publique en action

Une mission des CRS (Compagnies républicaines de sécurité).

Plan Vigipirate : patrouille de forces de sécurité.

Compétences

Socle 3 L'engagement

Les forces de sécurité et leurs missions

? *Quelles sont les principales forces de sécurité et leurs missions ?*

1 D'après le document 1, quel droit fondamental permet l'exercice des libertés ? Qui a le devoir de l'assurer ?

....

....

....

2 Soulignez dans le texte les différentes missions de l'État.

Document 1 Loi du 21 janvier 1995, modifiée par la loi du 18 mars 2003

« **Article 1.** La sécurité est un droit fondamental et l'une des conditions de l'exercice des libertés individuelles et collectives. L'État a le devoir d'assurer la sécurité en veillant, sur l'ensemble du territoire de la République, à la défense des institutions et des intérêts nationaux, au respect des lois, au maintien de la paix et de l'ordre public, à la protection des personnes et des biens. »

Document 2 Les forces de sécurité

3 D'après le document 2, qu'est-ce qui a été organisé en octobre 2014 et par qui ?

....

....

....

....

....

4 Entourez l'élément montrant que le ministère est associé à l'organisation de cette journée.

5 Sur le document, écrivez le nom de chaque force de sécurité :
- Gendarmerie
- Police
- Pompiers

6 Quel message cette journée veut-elle adresser aux citoyens et dans quel objectif ?

....

....

....

....

....

....

Compétences

Socle 3 L'engagement

Assurer la sécurité : prévenir et/ou réprimer

Fiche 73

? *Comment assurer la sécurité par des actions de prévention et de répression ?*

1 D'après le document 1, qui intervient et dans quel lieu ?

....

2 Entourez le thème sur lequel ces personnes interviennent.

3 Quelle information montre qu'il s'agit d'un délit ?

....

4 Soulignez les conseils de prévention qui sont donnés aux jeunes.

5 Enquête Web

Site web
La cybersécurité
hatier-clic.fr/fhg403

Citez un conseil concernant la cybersécurité.

....

....

6 D'après le document 2, quelle opération est ici menée et par quelles forces de sécurité ?

....

....

Document 1 Une mission de prévention de la police en milieu scolaire

D'après une plaquette de la préfecture de police de Paris.

Document 2 Une opération de contrôle routier dans le Calvados

« En ce début d'année 2015, la préfecture du Calvados a décidé de partir en guerre contre l'insécurité routière, suite à une série d'accidents mortels liés à la consommation d'alcool ou de stupéfiants. Le week-end dernier, gendarmes et policiers ont multiplié les contrôles sur les routes du département. Plusieurs graves infractions ont été relevées et sanctionnées : 18 conduites sous l'emprise de l'alcool, 4 conduites sous l'emprise de stupéfiants et plus de 400 infractions à la vitesse.
La préfecture a décidé de renouveler l'opération. Police et gendarmerie vont procéder à de nombreux contrôles sur les routes dès ce jeudi 22 janvier. »

D'après www.france3-regions et francetvinfo.fr, 22 janvier 2015.

7 Pour quelle raison la préfecture du Calvados a-t-elle décidé cette opération ?

....

....

8 Quelles infractions ont été relevées et sanctionnées ?

....

....

9 En quoi cette opération est-elle à la fois une action de prévention et de répression ?

....

....

....

10 Enquête Web

Site web
Les infractions routières et leurs sanctions
hatier-clic.fr/fhg404

Sur une feuille à part, listez les sanctions prévues par la loi en cas d'infractions routières.

Compétences

Socle 3 L'engagement

Débattre : Internet, choisir entre liberté et sécurité ?

Fiche Projet 4

EMC / Français / CDI

Document 1 Internet : un bienfait ou un danger pour la démocratie ?

« Internet peut favoriser le développement de la démocratie. Il permet de communiquer plus facilement, plus rapidement et à moindre coût. Il constitue un lieu de débats et permet, par le courrier électronique et la multiplication des forums, de confronter les points de vue et d'échanger des informations. Il contribue à une meilleure information des citoyens, par exemple par la diffusion d'informations administratives par le Net, de données publiques, des programmes politiques des partis… Il favorise les actions collectives permettant à des individus, partageant les mêmes idées, d'entrer en contact et de se mobiliser.

Mais Internet peut aussi présenter des dangers pour la démocratie. En effet, son utilisation est encore réservée à une élite, une minorité de la population, aux niveaux de revenus et de formation élevés, s'y connectant régulièrement… et surtout dans les pays développés. Internet porte atteinte à la protection de la vie privée. Ainsi les cookies, véritables "mouchards" déposés lors de la fréquentation d'un site, livrent un certain nombre de renseignements, dans un but commercial, concernant l'internaute et ses habitudes. Internet peut aussi être le support à la diffusion d'informations fausses ou diffamantes à l'égard d'un individu.

Il peut être le support d'actions ou d'idées en contradiction avec les fondements de la démocratie, ainsi que de cybercriminels[1] ou de terroristes. Des sites propageant des idées négationnistes[2] ou racistes y sont accessibles. Il y a le risque d'une société de surveillance : dans certains pays, comme la Chine ou Singapour, les autorités bloquent l'accès à des sites jugés nuisibles, c'est-à-dire pro-occidentaux, etc. Enfin, il ne faudrait pas qu'Internet soit un média sans contrôle démocratique. Internet, en s'affranchissant des frontières, pose le problème du contrôle des serveurs et des sites. On a ainsi multiplié les lois pour mieux contrôler Internet depuis quelques années… »

D'après www.viepublique.fr, 2017.

1. La cybercriminalité désigne les actions criminelles sur Internet (attaques de sites visant à les contrôler, à les bloquer ou à s'emparer de données, diverses fraudes…).
2. Négation de l'existence des chambres à gaz pendant la Seconde Guerre mondiale.

Document 2 Un sondage sur la confiance envers Internet

Parmi les types de sites Internet suivants, quels sont ceux envers lesquels vous avez confiance concernant le respect de vos informations personnelles et quels sont ceux dont vous vous méfiez ?

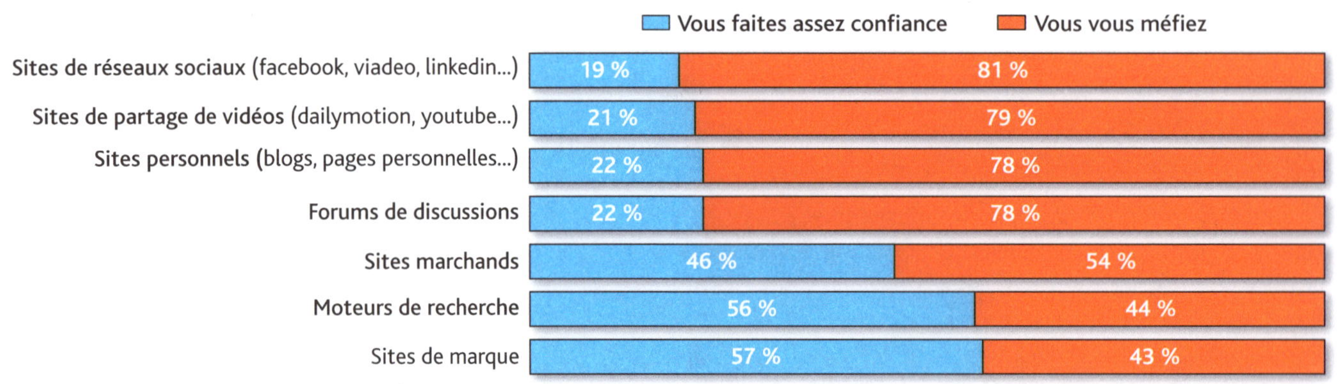

Source : http://www.harrisinteractive.fr, 2015.

1 Dans le document 1, soulignez :
- en vert, les bienfaits d'Internet pour la démocratie ;
- en rouge, les dangers qui peuvent menacer les individus et la démocratie sur Internet.

2 D'après le document 2, quel est le principal enseignement de ce sondage sur l'attitude des sondés face à de nombreux types de sites Internet ?

……………………………………………………………………………………

……………………………………………………………………………………

……………………………………………………………………………………

DÉMARCHE PROJET Débattre

Sujet : Pour ou contre des lois pour contrôler et surveiller Internet ?

❶ **Formez deux groupes :** le groupe 1 formule des arguments pour les lois ; le groupe 2 formule des arguments contre.

❷ **Confrontez les points de vue** des deux groupes.

!
- Chacun doit demander la parole et laisser l'autre parler sans l'interrompre.
- Chacun doit pouvoir exprimer son point de vue et écouter celui des autres.
- Il s'agit d'essayer de convaincre les autres sans imposer sa façon de penser c'est-à-dire qu'il faut argumenter en expliquant et en illustrant par des exemples vos affirmations.

Compétences

Socle 3 La sensibilité

Achevé d'imprimer par Grafica Veneta à Trebaseleghe - Italie - Dépôt légal n° 00061-2/04 - Juin 2019